Wenn ich groß bin, möchte ich Mafiaboß werden...

Über die Erziehungsmethoden der sizilianischen Mafia und ihre Gegner

von

Sonja Deml

Tectum Verlag
Marburg 2003

Deml, Sonja:
Wenn ich groß bin, möchte ich Mafiaboß werden....
Über die Erziehungsmethoden der sizilianischen Mafia und ihre Gegner.
/ von Sonja Deml
- Marburg : Tectum Verlag, 2003
ISBN 978-3-8288-8497-7

© Tectum Verlag

Tectum Verlag
Marburg 2003

Für
Anna Kiener
(1911-2003)

Inhalt

Vorwort 11

Einleitung und Fragestellung 13

Klärung der zentralen Begriffe „sizilianische Mafia",
„Familie" und „Mafiaerziehung" 17
    Die sizilianische Mafia 17
    Die Familie 22
    (Amoralischer) Familismus 23
    Die Mafiafamilie 25
    Erweiterung der Familie durch rituelle Verwandtschaft 26
    Die Besonderheiten der Mafiaerziehung 28

Die „idealtypische" sizilianische Familie: geschlechtsspezifische
Rollenteilung und Sozialisation 31
    Die Aufgaben und die Rolle des Vaters 31
    Die Aufgaben und die Rolle der Mutter 32
    Geschlechtsspezifische Sozialisation 33

Die geschlechtsspezifische Rollenaufteilung und Sozialisation
in der mafiosen Familie 35
    Die Aufgaben und die Rolle des mafiosen Vaters 35
    Die Aufgaben und die Rolle der mafiosen Mutter 40
    Die Sozialisation der Kinder zu *mafiosi* und *mafiose* 46

Die gesellschaftliche Funktion von Ehre und Schande 53

Die Erziehung innerhalb der „ehrenwerten Gesellschaft" 59
    Warum ist es überhaupt notwendig, über Mafiaerziehung zu sprechen? 59
    Subkulturelles Milieu und die Ausbildung mafioser Werte 60
    Die Erziehungsziele der Cosa Nostra 62
    Geschlechtsspezifische Erziehung 65

Antimafia difficile: Der Kampf gegen die Cosa Nostra 67
    Definition des Begriffes „Antimafia" 67
    Die Entstehung und der Verlauf der Antimafiabewegung in Sizilien 68
    Die Trägergruppen der Antimafiabewegung 78

„Wehret den Anfängen": Kinder- und Jugendarbeit der Antimafiabewegung 87
   Aufklärungsarbeit in Schulen 87
   Cartello Palermo Anno Uno 89
   Associazione donne siciliane per la lotta contro la mafia 92
   Centro Siciliano di Documentazione „Giuseppe Impastato" 95
   Sozialarbeit in den Stadtteilen Palermos 98
   Dipingi la Pace 99
   Centro Diaconale „La Noce" Istituto Valdese 102
   Centro Padre Nostro 108
   Gemeinsamkeiten und Unterschiede in der Stadtteilarbeit 113

Zusammenfassung und abschließende Stellungnahme 115

Literaturverzeichnis 119

Vorwort

Dieses Buch entstand auf der Grundlage meiner Diplomarbeit „Familienerziehung in der sizilianischen Mafia – Gegebenheiten und pädagogische Gegenwirkung" am Institut für Pädagogik an der Universität Regensburg im Jahre 2002. Um sie veröffentlichen zu können, wurde sie nochmals überarbeitet und um wichtige und interessante Aspekte ergänzt, die ich im Rahmen weiterer Forschungsaufenthalte in Palermo gewinnen konnte.

Einleitung und Fragestellung

"Cu è surdu, orbu e taci, campa cent' anni 'mpaci" ist ein sizilianisches Sprichwort und heißt auf deutsch „Wer taub, blind und stumm ist, lebt hundert Jahre in Frieden" (Bonavita 1993: S. 106). Hier werden drei Grundprinzipien der Cosa Nostra[1] vereinigt. Wer taub ist hört keine Schüsse bei einem Mord. Ein Blinder sieht nicht, wie von einem Geschäftsmann der *pizzo*, das Schutzgeld, verlangt wird. Wer stumm ist hält die *omertá*[2] ein und geht somit nicht zur Polizei, um zu reden.

Die Mafia kann nur fortbestehen, indem diese Regeln von einer Generation zur nächsten weitergegeben werden. Welche Eltern geben diese Werte an ihre Kinder weiter? Wie werden diese Kinder erzogen und welche Möglichkeiten gibt es außerhalb der Familie, „hörende", „sehende" und „sprechende" Menschen aus ihnen zu machen?

Diese Arbeit beschäftigt sich in erster Linie mit der blutsverwandten *famiglia*[3] und mit der Mafiafamilie, ohne welche die sizilianische Cosa Nostra nicht existieren kann. Ich möchte anhand der Rollenaufteilung innerhalb der Familie und der Aufgaben der einzelnen Mitglieder die Erziehung der Söhne zu *mafiosi* und die der Töchter zu „schweigsamen duldenden Frauen" erklären.

Doch auf die Kinder wirken nicht nur die Herkunftsfamilien und die Cosa Nostra ein. Die Antimafiabewegung versucht auf institutioneller Ebene und auch durch Kinder- und Jugendarbeit, der Erziehung der *mafiosi* entgegenzuwirken.

Am Anfang steht die Klärung der Begriffe „sizilianische Mafia", „Familie" und „Erziehung", wie sie in dieser Arbeit verwendet und verstanden werden. Es folgt die Beschreibung der geschlechtsspezifischen Rollen-

---

[1] „Cosa Nostra" bedeutet übersetzt „Unsere Sache"
[2] Italienisch: Schweigepflicht, Schweigegebot
[3] Italienisch: Familie

verteilung und Sozialisation innerhalb der blutsverwandten *famiglia*. Dabei wird zunächst die geschlechtsspezifische Rollenaufteilung und Sozialisation der „idealtypischen" sizilianischen Familie angesprochen, um sie von der Mafiafamilie abgrenzen zu können. Im ersten Teil wird außerdem auf die Erziehung der Kinder und Jugendlichen der sizilianischen Mafia eingegangen. Hier werden zunächst die Erziehungsziele der Mafia vorgestellt und danach wird die Erziehung der Jungen zu *mafiosi* und die Erziehung der Mädchen zu „schweigsamen Frauen" unter Berücksichtigung subkultureller Aspekte beschrieben.

Der zweite Teil des Buches beschäftigt sich mit Antimafia. Zunächst wird der Begriff „Antimafia" definiert und dann kurz der Verlauf der Antimafiabewegung in Sizilien geschildert. Hier werden außerdem zentrale Antimafiaaktivitäten auf institutioneller Ebene (Antimafiagesetz, -richter und -politik) exemplarisch vorgestellt, bevor dann auf die wichtigsten Trägergruppen eingegangen wird. Danach folgt eine Beschreibung der Kinder- und Jugendarbeit der Antimafia, die hauptsächlich in Form von Aufklärungsarbeit in den Schulen und sozialer Stadtteilarbeit abläuft. Aufklärungsarbeit in den Schulen wird anhand der Arbeit des Antimafiadachverbandes *Cartello Palermo Anno Uno* mit seiner Initiative *Palermo apre le porte*, der Frauenvereinigung *Associazione donne siciliane per la lotta contro la mafia* und des sizilianischen Forschungs- und Dokumentationszentrums *Centro Siciliano di Documentazione „Giuseppe Impastato"* beschrieben. Stadtteilarbeit betreiben in erster Linie die Sozialzentren in Palermo. Hier werden die Projekte *Dipingi la Pace* von Pater Paolo Turturro, die Einrichtungen der evangelischen Kirchengemeinde der Waldenser im *Centro Diaconale „La Noce" Istituto Valdese* und das Sozialzentrum *Centro Padre Nostro* vorgestellt. Meine Recherchetätigkeiten in Palermo konzentrierten sich hauptsächlich auf das *Centro Diaconale „La Noce" Istituto Valdese* und auf das Projekt *Dipingi la Pace* sowie das *Centro Padre Nostro*. Aufgrund des in Sizilien vorherrschenden Mißtrauens gegenüber Fremden und wegen des „heiklen" Themas „Mafia" wollte ich die in den Einrichtungen geführten Gespräche weder auf Tonband aufzeichnen noch mitschreiben. Die Befragung der Vertreter der einzelnen Institutionen fand in Form eines Expertengespräches statt.

Ich möchte beschreiben, wie Kinder zu *mafiosi* gemacht werden und wie Antimafiaaktivisten seit Jahrzehnten verzweifelt versuchen, genau das zu verhindern. Dabei standen folgende Fragen im Vordergrund:

- Wie ist eine Mafiafamilie aufgebaut und wie verteilen sich im Gegensatz dazu die Rollen innerhalb einer mafiosen Familie in der sizilianischen Mafia?

- Nach welchen Idealen werden Kinder erzogen, damit sie ein anerkanntes Mitglied in der „ehrenwerten Gesellschaft" sein können?

- Mit welchen Mitteln und Maßnahmen will die Antimafia die „ehrenwerte Gesellschaft" bekämpfen?

- Welche Erziehungsziele haben Einrichtungen, die versuchen, die Kinder und Jugendlichen vor den Fängen der sizilianischen Mafia zu bewahren?

Es werden außerdem bedeutende Persönlichkeiten und ihre jeweiligen Ziele vorgestellt sowie die Erfolge und Niederlagen im Kampf gegen die sizilianische Mafia angesprochen.

Klärung der zentralen Begriffe „sizilianische Mafia", „Familie" und „Mafiaerziehung"

Um über die sizilianische Mafia, die Cosa Nostra, sprechen zu können, müssen zunächst die zentralen Begriffe „sizilianische Mafia", „Familie" und „Erziehung", wie sie in der vorliegenden Arbeit verstanden werden, geklärt werden:

- Wie ist der Begriff „Mafia" entstanden? Was ist die sizilianische Mafia und was macht sie überhaupt?
- Was versteht die Cosa Nostra unter einer Familie und wie ist diese aufgebaut? Wie läßt sich das Phänomen des Familismus erklären? Und wie kommt es innerhalb der Mafiafamilie zur rituellen Verwandtschaft?
- Was ist kennzeichnend für die Mafiaerziehung?

Die sizilianische Mafia

„Die Mafia? Ich weiß nicht, ob es sie gibt. Ich kann mit Sicherheit nichts über sie sagen", äußerte der mutmaßliche neue Mafiaboß von San Giuseppe Jato, Salvatore Genovese, nach seiner Festnahme im Oktober 2000 (Giornale di Sicilia vom 17. Oktober 2000). Ähnlich antwortete auch Palermos ehemaliger, mafioser Bürgermeister Vito Ciancimin, als er während eines Interview gebeten wurde, den Begriff „Mafia" zu definieren. Er behauptete, nicht zu wissen, um was es sich bei der Mafia handeln könne (vgl. Correnti 1987: S. 14f).

Wenn *mafiosi* bei polizeilichen Vernehmungen erklären, sie wüßten nicht, um was es bei der Mafia ginge, dann ist das durchaus nicht nur Polemik. Sie sagen insofern die Wahrheit, als der Terminus „Mafia" nie zur Eigenbezeichnung der Organisation verwendet wurde und es in diesem Sinne die Mafia tatsächlich nie gab. Wie konnte nun dieser Begriff zum „Label" der sizilianischen und später auch anderer Formen von organisierter Kriminalität avancieren?

Ethymologie:
Es wurden im Laufe der Geschichte viele Erklärungsversuche über die Herkunft des Wortes „Mafia" gemacht. Tatsächlich ist die Herkunft nach wie vor unklar. Vielfach wird vermutet, „Mafia" entstamme dem Arabischen und leite sich aus *mahias* oder *mahyias* ab, was Prahlerei oder Dreistigkeit bedeutet. Es könnte sich aber auch von *ma'afir*, dem Namen eines einstmals Palermo beherrschenden arabischen bzw. berberischen Stammes ableiten. Einige Autoren halten es für möglich, daß „Mafia" auf das arabische *maha*, also Grotte oder Steinhöhle, zurückgeht. Es gab tatsächlich in der Gegend von Trapani und Marsala Höhlen, die als *mafie* bezeichnet wurden (vgl. Correnti 1987: S. 31; Gambetta 1992: S. 363; Hess 1970: S. 2). Weitere Möglichkeiten sind die arabischen Wörter *mahfil*, was Versammlung oder Versammlungsort heißt oder *múafa*, was Verborgenheit oder Schutz bedeutet. „Mafia" könnte sich aber auch von *marfid*, der Vergangenheitsform des arabischen Verbs „verweigern", ableiten (vgl. Correnti 1987: S. 32; Gambetta 1992: S. 363f). Gelegentlich wird der Begriff auch auf das piemontesische *mafi*, *mafio* oder *mafiun* zurückgeführt, wo sich besagte Wörter in der Bedeutung von „unzivilisierter Mensch, der nicht redet und antwortet", schon seit 1815 nachweisen lassen vgl. (Gambetta 1992: S. 363f; Messina 1990: S. 29; Renda 1998: S. 45). „Mafia" könnte aber auch dem toskanischen Dialekt entstammen. Dort war das vom arabischen *marfid* abgeleitete Wort *malfusso* schon im 15. Jahrhundert gebräuchlich und bedeutete „untreu", „ungläubig", aber auch „Schurke" und „Verbrecher" (vgl. Gambetta 1992: S. 364; Messina 1990: S. 20). Im florentiner Dialekt bezeichnete *malfusso* darüber hinaus Armut (vgl. Gambetta 1992: S. 363f; Messina 1990: S. 29).

Es gibt im sizilianischen Dialekt eine Reihe Wörter, die ähnlich wie „Mafia" klingen und „Kühnheit", „Anmaßung", oder auch „schönes Mädchen" bedeuten (vgl. Hess 1970: S. 1).

Im Jahre 1862 wurden in der sizilianischen Dialektkomödie „*I mafiusi della Vicaria*"[4] besonders angesehene Häftlinge *mafiusi* genannt. Drei Jahre später fand das Wort „Mafia" Eingang in die Sprache der italienischen Strafverfolgungsbehörde. Inzwischen ist der Begriff „Mafia" international und wird mit Gefängnisaufständen, Polizistenmorden oder Bildung von Banden in Verbindung gebracht. Mit „Mafia" bezeichnen die italienischen Juristen mittlerweile fast ausschließlich kriminelle Vereinigungen bzw. allumfassende Geheimorganisationen (vgl. Raith 1986: S. 54).

Aktivitäten:

Das Ziel der Cosa Nostra besteht vornehmlich in der ökonomischen Bereicherung ihrer Mitglieder. Daneben streben die *uomini d'onore*, wie sie sich selbst nennen, auch Ehre, also persönliches Ansehen, an. Zentral ist aber ohne Zweifel die wirtschaftliche Bereicherung, weshalb der Soziologe Diego Gambetta (Gambetta 1994: S. 9) die „ehrenwerte Firma" auch als „(...) eine Industrie, die privaten Schutz schafft, fördert und verkauft" definiert.

Zu den traditionellen Aktivitäten der Mafia, die seit etwa 150 Jahren in Sizilien existiert und sich von den westlichen Provinzen (Palermo, Trapani, Agrigent) inzwischen auf fast der gesamten Insel ausgebreitet hat, zählen Viehraub, illegales Schlachten und Verkaufen von Vieh, die Kontrolle von Wasserstellen und Märkten (Obst-, Gemüse-, Fleisch- und Fischmärkte), Entführungen und schließlich Schutzgelderpressungen. Eine Verlagerung des Akzents der ökonomischen Tätigkeiten der *Onorata Societa*[5] setzte erst in den 50er und 60er Jahren ein, als sich die

---

[4] Sizilianisch: Die Mafiosi der Vicaria (vgl. Messina 1990: S. 18f); Die Handlung spielt im Gefähgnis Vicaria in Palermo und die Darsteller sind Anhänger einer Geheimassoziation mit Initiationsritus und rigiden Hierarchien, die besonderen Respekt genießen (vgl. Crisantino 1994: S. 30).

[5] Italienisch: Ehrenwerte Gesellschaft; präziser wäre jedoch die Übersetzung „Geehrte Gesellschaft"

„ehrenwerte Gesellschaft" von einer „ruralen" zur „urbanen"[6] Mafia entwickelte. Zwei Gründe waren dafür ausschlaggebend: Einmal die Landflucht vieler Sizilianer vor allem in die Hauptstadt Palermo, wodurch dort ein ungeheurer Bedarf nach Wohnungen entstand, der durch die Aktivitäten mafioser Baufirmen gedeckt wurde, und zum anderen die Entscheidung der italienischen Regierung, die unterentwickelten Regionen des Südens durch große Infrastrukturprojekte ökonomisch zu fördern. Zu diesem Zweck wurde Ende der 50er Jahre die „Südkasse", die sogenannte *Cassa per il mezzogiorno* gegründet, durch die enorme Geldbeträge nach Sizilien flossen, mit deren Hilfe viele öffentliche Bauprojekte realisiert wurden (zum Beispiel Autobahnen, Straßen, Schulen, Krankenhäuser etc.). Die Mafia hatte natürlich größtes Interesse daran, sich diese Gelder anzueignen, was ihr mit Hilfe ihr nahestehender Politiker auch gelang. Die Mafia hatte zwar ihre traditionellen Aktivitäten nicht aufgegeben, war aber jetzt stark in die Bauindustrie eingestiegen. Ab den 70er Jahren eröffneten sich der ehrenwerten Gesellschaft mit dem internationalen Drogenhandel neue ökonomische Perspektiven, die sie nicht ungenutzt ließ. Der Drogenhandel machte die *mafiosi* reich wie nie zuvor und bildet bis heute ihre Haupteinnahmequelle. Später kamen dann noch der illegale Waffenhandel und in jüngster Zeit das lukrative Geschäft mit Giftmüll hinzu. Des weiteren bereichert sich die Mafia durch Drogen- und Waffengeschäfte, oft in Kooperation mit der amerikanischen Cosa Nostra. Vor allem wird mit Heroin gehandelt und Handfeuerwaffen oder Plutonium verschoben, was zur zunehmenden Illegalisierung der Mafia führt. Ein weiterer Geschäftsbereich der „ehrenwerten Firma" ist der Handel mit gefälschten Markenartikeln und die Schutzgelderpressung. Die ambulanten Händler oder Geschäftsleute sind in der Regel

---

[6] Die Phase der *mafia rurale*, also der ländlichen Mafia, geht von 1860 bis 1946, also bis zu dem Jahr, als der berühmte Lucky Luciano aus Amerika nach Sizilien zurückkehrte. Darauf folgt die zweite Phase der *mafia cittadina*, der städtischen Mafia (1946 bis 1977). Die dritte Phase ab 1977 wird als *mafia internazionale* bezeichnet, weil die Mafia nun ein multinationales Unternehmen mit enormer ökonomischer und politischer Macht ist und in bestimmten Geschäftsbereichen nahezu weltweit agiert (vgl. Correnti 1999: S. 340ff).

nicht Mitglied der Mafia, sondern bezahlen den *pizzo*, um Schutz zu erhalten. Lange Zeit waren Entführungen die Haupteinnahmequelle der Mafia, bei denen sie sich durch Lösegelderpressungen bereichern konnte. Die Zahl der Entführungen hat in den letzten Jahren abgenommen, da die Mafia mit ihren Methoden – soweit wie möglich – nicht in die Öffentlichkeit geraten will. Durch Spekulations- und Immobiliengeschäfte wurde Geldwäscherei nötig, was der sizilianischen Mafia derzeit durch die Globalisierung und die weltweite Vernetzung der Computer wesentlich erleichtert wird (vgl. Bestler 2001b).

Henner Hess beschränkt seine Definition von „Mafia" nicht nur auf die Aktivitäten, sondern machte mit seiner Klärung des Begriffs „Mafia" den Weg frei zu einer sozialpsychologischen Deutung (vgl. Raith 1986: S. 54). Er sagt „Mafia ist keine Organisation, sondern eine Verhaltensweise, eine Methode, das, was die ´mafiosi` tun; sie ist die von ´starken Männern` ausgeübte und angedrohte private Gewalt, ausgeübt und angedroht in allen sozialen Konflikten" (Hess 1990: S. 113).

Der Zusammenhang zwischen Mafia und Politik ist nicht von der Hand zu weisen, denn politischer Einfluß bringt der Organisation Vorteile in Bezug auf die Möglichkeiten ihrer Machtausübung und vor allem ökonomische Bereicherung. Die Cosa Nostra kann somit die *cassa*[7], das heißt die Verteilung der Gelder unter anderem vom reichen Norden in den ärmeren Süden, kontrollieren oder sich öffentliche Aufträge beschaffen. Im Gegenzug verhilft die Mafia den Politikern beispielsweise zu Wählerstimmen (vgl. Bestler 2001b).

Juristische Definition:

Bis Anfang der 80er Jahre stellten mafiose Verbrechen keinen eigenen Strafbestand im italienischen Recht dar. Erst im Jahre 1982, nach einer Serie von Morden an mächtigen Staatsmännern wie Richtern (Terranova, Costa), Politikern (Mattarella, La Torre) und dem Polizeipräfekten Carlo Alberto Dalla Chiesa, sah sich der Staat veranlaßt, das erste Anti-

---

[7] Italienisch: Kasse

mafiagesetz (LaTorre-Gesetz; benannt nach dem ermordeten, kommunistischen Politiker Pio La Torre) seiner Geschichte zu verabschieden (vgl. Bestler 2001b). Artikel 1 dieses Gesetzes vom 13. September 1982 besagt folgendes: „Eine Vereinigung ist mafiosen Typs, wenn diejenigen, die ihr angehören, der Einschüchterungskraft der Vereinsbande, der Unterdrückung und der sich daraus ergebenden *omertá* bedienen, um Verbrechen zu begehen, um direkt oder indirekt die Ausführung oder zumindest die Kontrolle über Wirtschaftsaktivitäten, Konzessionen, Genehmigungen, Arbeitsaufträge und öffentliche Dienstleistungen zu erlangen, oder um für sich oder andere ungerechte Profite oder Vorteile zu realisieren" (Uesseler 1987: S. 169f).

Neben der Cosa Nostra in Sizilien finden sich in Italien noch folgende mafia-ähnliche Organisationen, die jedoch in dieser Arbeit weitgehend außen vor gelassen werden: Die „Camorra" beherrscht Kampanien, vor allem Neapel. Kalabrien wird von der Organisation „'Ndrangheta" kontrolliert. „Stidda"[8] nennt sich die Mafia-Organisation in Agrigento und Caltanissetta und die Vereinigung „Sacra Corona Unita" reagiert in Apulien (vgl. Violante 1995: S. 69).

In der vorliegenden Arbeit werden für den Begriff „sizilianische Mafia" auch die Synonyme „Cosa Nostra", „ehrenwerte Gesellschaft" und „ehrenwerte Firma" (in Bezug auf ihre ökonomischen Aktivitäten) verwendet.

Die Familie

Das italienische Wort *famiglia* bedeutet auf deutsch zunächst Familie. Unter einer *famiglia* wird aber keineswegs nur die Gemeinschaft blutsverwandter Personen, in der Regel also Eltern und Kinder, verstanden. Mit *famiglie*[9] werden auch die – laut offizieller Polizeiberichte – etwa 160

---

[8] Sizilianisches Dialektwort für Stern
[9] Pluralform von *famiglia*

mafiosen Gruppen in ganz Sizilien bezeichnet. Solche Gruppen bildet eine *famiglia* oder *cosca*[10].

Die (blutsverwandte) Familie ist nun in Sizilien von einer ungeheuren Bedeutung. Nur gegenüber Familienmitgliedern besteht nahezu grenzenloses Vertrauen und das Wohl der eigenen Familie stellt den höchsten Wert überhaupt dar. Die übersteigerte Betonung der Familie wird von Ethnologen und Soziologen als „Familismus" bezeichnet. Edward Banfield bezeichnet dieses Phänomen sogar als „amoralischen Familismus" (siehe unten). Dieses ungeschriebene Gesetz gilt im gesamten Mezzogiorno. Es besteht die Möglichkeit, die Familie durch die „rituelle Verwandtschaft" zu ergänzen, womit der Umstand bezeichnet wird, daß nicht blutsverwandte Personen in die eigene Familie (etwa durch die Übernahme einer Patenschaft oder Patronage) aufgenommen werden und ihr in gewisser Weise damit angehören. Vor allem die großen Mafiafamilien versuchen so, ihren Bestand zu vergrößern, indem zum Beispiel einflußreichen Politikern die Übernahme einer Patenschaft (vor allem als Taufpate) angeboten wird.

(Amoralischer) Familismus

„Cumpari semu, cumpari ristamu, Veni la morti e nni spartemu." ist eine sizilianische Redewendung und heißt auf deutsch: Wir sind Gevattern, wir bleiben Gevattern, erst wenn der Tod kommt, trennen wir uns (Hess 1988: S. 38f). Dieser Spruch beschreibt Familismus, der aus einer Art Blutsbrüderschaft besteht und nur durch den Tod beendet wird.

Edward Banfield (vgl. Banfield 1967: S. 9; 83) führte eine Studie in dem kleinen Dorf Montegrano[11] in Süditalien durch. Dabei berücksichtigte er kulturelle, psychologische und moralische Aspekte von politischen und

---

[10] Mit *cosca* oder *cosche* sind Mafia-Gruppen gemeint.
[11] Mit Montegrano ist zwar ein reelles Dorf in der Provinz von Potenza gemeint, aber es ist dennoch ein Phantasiename, wie es in der ethnosoziologischen Untersuchung oft der Fall ist.

anderen Organisationen. Er spricht in diesem Zusammenhang vom sogenannten „amoralischen Familismus". Ein *„amoral familist"* folgt dieser Regel:

Maximiere den schnellen materiellen Vorteil für die Kernfamilie und gehe davon aus, daß alle anderen es genauso tun!

Jemand, der nach diesem Prinzip lebt, verhält sich gegenüber Personen, die nicht seiner Familie angehören, ohne Moral. Innerhalb seiner Familie jedoch herrscht ein bestimmtes Normensystem, bei dem sehr wohl zwischen Recht und Unrecht unterschieden wird. Einer, der keine Familie hat, ist nach Banfield ein „amoralischer Individualist". In diesem Zusammenhang ist das Adjektiv „amoral" nicht gleichbedeutend mit dem Adjektiv „unmoralisch". Vielmehr bezieht es sich auf den Bereich „jenseits der Moral", denn das Individuum handelt nur außerhalb der Familie ohne Moral.

Teresa Principato (vgl. Principato, o.J.), Staatsanwältin in Palermo und ehemalige Kollegin der 1992 ermordete Antimafiarichter Giovanni Falcone und Paolo Borsellino, beschreibt Familismus folgendermaßen: Es ist schwierig zu verstehen, welche Rolle die Frau in der Mafia spielt, weil eine Frau eigentlich kein direktes Mitglied der Cosa Nostra sein kann. Sie sagt, die Frauen seien in Sizilien so stark in die Familie eingebunden, daß die Familienbande die Oberhand über die Kontakte nach draußen haben. Die Familie bildet eine isolierte, antigesellschaftliche Gruppe, in der die weiblichen und männlichen Rollen durch die Familienbande genau festgelegt sind. Vertrauen herrscht nur unter den Blutsverwandten. Genau auf diesem System basiert die Mafia. Nur so können negative Werte entstehen und übertragen werden.

Mit eigenen Worten:

Familismus wird in der vorliegenden Arbeit als ein System und Gefühl verstanden, das im gesamten mediterranen Raum und somit auch innerhalb der sizilianischen Mafia vorherrscht. Die *famiglia* wird als heilig und als höchstes Gut des Mannes empfunden. Von der Familie gehen bestimmte Vorschriften mafiosen Verhaltens aus, denn hier werden die Normen und Werte festgelegt. Vertrauen hat ein *mafiosi* nur zu seiner eigenen Familie. Er orientiert sich ausschließlich an der *famiglia*, was auf die Hochhaltung der Blutsverwandtschaft und auch der rituellen Verwandtschaft im mediterranen Raum zurückzuführen ist.

Die Mafiafamilie

Die Familie ist der Kern der Mafia. Ohne diese System könnte die Cosa Nostra nicht existieren. Doch im Gegensatz zur „idealtypischen" sizilianischen Familie besteht sie traditionell nicht aus Vater, Mutter und den Kindern. Vielmehr sind hier die Männer gemeint, die einem bestimmten Mafiaclan angehören und somit bestimmten hierarchischen Gliederung unterstehen. Sie bilden eine Mafiafamilie. Frauen und Kinder sind hier formell ausgeschlossen, trotzdem gehören sie indirekt zur Mafiafamilie (siehe die Rolle der Frau oder die Sozialisation der Kinder zu *mafiosi* und *mafiose*).

Aber wie kann man sich eine Mafiafamilie vorstellen? Rolf Uesseler beschreibt den Aufbau einer Mafiafamilie so:

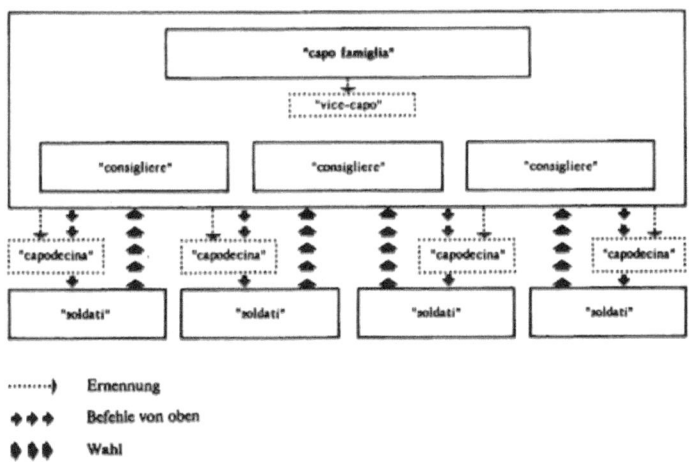

Der Aufbau einer Mafiafamilie[12]

---

[12] Quelle: Uesseler 1987: S. 105

Eine Mafiafamilie ist pyramidenförmig aufgebaut. An der Spitze steht der *capo famiglia*[13], das Familienoberhaupt. Er ist dazu berechtigt, Entscheidungen zu treffen. Ein *capo famiglia* ist der Repräsentant der Familie und ernennt einen Stellvertreter für sich selbst, den *vice-capo*[14]. Umgeben sind der *capo famiglia* und sein Stellvertreter von einem *consigliere*[15], der sie bei wichtigen Entscheidungen berät. Es gibt aber auch Mafiafamilien ohne einen Berater. Diese drei Einheiten bilden die oberste Stufe einer Familie. Von hier aus wird der *capodecina*[16] ernannt, der etwa zehn *soldati*[17] bzw. Ehrenmännern vorsteht. Je nach Größe der Mafiafamilie gibt es mehrere *capidecine* oder auch gar keine. Die *soldati*, auch *piciotti*[18] genannt, erhalten ihre Befehle von oben, also auch von der obersten Ebene. Nur die „Ehrenmänner", wie sich die Handlanger auch nennen, wählen die oberste Stufe mit den Beratern und dem Familienoberhaupt.

Der Begriff „mafiose Familie" bezeichnet in der vorliegenden Arbeit in Abgrenzung zur Mafiafamilie die Vater-Mutter-Kind-Konstellation innerhalb der Mafiafamilie.

Erweiterung der Familie
durch rituelle Verwandtschaft

Um Mitglied der Cosa Nostra werden zu können, muß man mehrere Voraussetzungen mitbringen: Man muß männlichen Geschlechts und

---

[13] Italienisch: Familienoberhaupt
[14] Italienisch: stellvertretender Führer
[15] Italienisch: Berater
[16] Italienisch: Zehnergruppenführer
[17] Italienisch: Soldat
[18] Sizilianisch: Jüngelchen; der Ursprung des Wortes bezeichnet junge Männer, die Mitglied der Armeen bei der Expedition und Eroberung Siziliens und Vereinigung Italiens durch Garibaldi waren. Doch nach der Expedition wurden die *picciotti* für ihre Verdienste nicht belohnt, sondern sogar von General Crispi aufgelöst (vgl. City Of Palermo 1998).

Sizilianer sein und darüber hinaus klare familiäre Strukturen nachweisen können. Das bedeutet, in der Familie dürfen keine Scheidungen vorgekommen sein und es dürfen keine Verwandtschaftsverhältnisse mit Polizisten oder Richtern bestehen. Das wichtigste Kriterium für die Aufnahme ist allerdings Mut und Erbarmungslosigkeit, was der Neuling in der Regel noch vor der Aufnahme unter Beweis zu stellen hat. Eine verbreitete Mutprobe ist das Töten eines Tieres, eines Menschen oder die Teilnahme an einem Raubüberfall.

Niemals kann ein junger Mann von sich aus Mitglied der Mafia werden, immer wird er über einen mehr oder weniger langen Zeitraum von den *uomini di rispetto*[19] beobachtet und dann gegebenenfalls auserwählt. Von Vorteil ist, wenn bereits ein Verwandter ein *mafioso* ist.

Stellt sich der Neuling als geeignet heraus, wird er durch den Initiationsritus aufgenommen. Es gibt kleine Unterschiede in den Aufnahmeritualen zwischen den einzelnen Provinzen, aber das Prinzip ist immer dasselbe: Der potentielle *picciotto* wird zunächst an einen entlegenen Ort geführt, an dem die Vertreter der Familie, alle, die ein Amt bekleiden, und einige *uomini d'onore*, bereits warten. Der Vertreter der Familie erklärt zunächst die Regeln der Mafia und betont, daß das, was die Öffentlichkeit als Mafia bezeichnet in Wahrheit Cosa Nostra heißt. Bis zu diesem Zeitpunkt kann der Neuling noch zurücktreten. Als nächstes folgt die Aufklärung über die Pflichten eines *picciotto*: Er darf auf keinen Fall um die Frau eines anderen Ehrenmannes werben, nicht stehlen, er darf sich nicht an Prostitution bereichern, Streit innerhalb der Familie muß er vermeiden und unter keinen Umständen darf er einen *uomo d'onore* töten. Einem *mafioso* ist es verboten, mit der Polizei zusammenzuarbeiten. Darüber hinaus muß die *omertá*, die Schweigepflicht, eingehalten werden. Bekräftigt der Neuling nun seinen Willen Mitglied der Cosa Nostra zu werden, darf er sich unter den anwesenden Ehrenmännern einen Paten aussuchen. Der nächste Schritt ist der Schwur. Dabei wird dem *picciotto* mit einer Nadel in den Zeigefinger der Hand gestochen, mit der er

---

[19] Italienisch: Männer, vor denen man Respekt hat; gemeint sind die Ehrenmänner.

schießt, und sein Blut tropft auf ein Heiligenbild. Dieses Bild wird nun angezündet und der Initiand wechselt das brennende Bild von einer Hand in die andere. Er schwört dabei, die Regeln der Cosa Nostra nicht zu verraten, selbst wenn er ebenso wie das Bild verbrennen würde.

Das Blut hat bei der Zeremonie Symbolcharakter, denn durch das Blut tritt man in die Mafia ein und mit dem Blut tritt man auch wieder aus, falls man getötet wird. Im Anschluß wird dem Neuling die Familienhierarchie erklärt und ihm „sein" *capodecina* vorgestellt vgl. (Falcone & Padovani 1992: S. 91ff). Viele *picciotti* glauben, daß die Zeremonie ein Versprechen ist, aber in Wirklichkeit ist sie eine Drohung vgl. (Anonymus 1989: S. 111).

Man kann den Beitritt in die Mafia mit einem Religionsbeitritt vergleichen, denn Falcone sagt: „Ein Priester hört nie auf, Priester zu sein. Ein Mafioso ist immer ein Mafioso." (Falcone & Padovani 1992: S. 91)

Die Besonderheiten der Mafiaerziehung

Bedeutet Mutter zu sein automatisch, die Kinder dahingehend zu erziehen, sich selbst und andere zu achten? In der Mafiafamilie nicht wirklich. Es gibt viele Beispiele in Sizilien, in denen Kinder als Drogenkuriere mißbraucht werden und nicht selten schnüren die Mütter selbst die Päckchen. Die Kinder werden zu Gewaltbereitschaft erzogen, denn schon seit langer Zeit vollziehen die Frauen der Familien die *vendetta*[20]. Zum Teil werden auch hier die Kinder zu Hilfe genommen, um die Ehre der Familie wiederherzustellen.

Antonina Brusca, die Ehefrau des Mafiabosses Giovanni Brusca, wegen seiner Grausamkeit *u verru*, zu deutsch „das Schwein", genannt, sagte in einem Interview kurz nach der Verhaftung ihrer Söhne, daß sie ihre Kinder dazu erzogen habe, Gott zu fürchten. Ihr Sohn Giovanni gestand hingegen, daß seine Mutter für 60 bis 100 Morde verantwortlich war.

---

[20] Italienisch: Racheakt, Blutrache

Antonina Brusca verstand es nicht, warum ihre Kinder die Kleineren in der Schule ausbeuten und warum sie als wilde Tiere bezeichnet werden (vgl. Puglisi 1996).

Die Erziehung zur Gewaltbereitschaft in der mafiosen Subkultur läßt sich aus mütterlicher Sicht so beschreiben: Eine Mutter verteidigt ihre Kinder mit allen Mitteln, wenn diese ungerecht behandelt werden. Dabei empfindet sie kein Mitleid mit den Familien, denen sie dadurch Schaden zufügt. Die Verbrecher oder sogar Mörder in ihrer Familie hält sie in der Regel für unschuldig. Mafiafrauen erklären, daß sie ihre Söhne dazu erziehen, die *famiglia* zu achten, mit ihren Mitmenschen bestimmte Kompromisse zu bilden und die „ehrenwerte Gesellschaft" zu respektieren (vgl. Puglisi 1996).

Der sizilianische Lehrer Augusto Cavadi (vgl. Cavadi, o.J.) sagt, daß sich die Mafia dank ihrer Erziehung selbst verewigt, denn sie setzt das Mittel der Erziehung gezielt ein, um bestimmte Ziele zu erreichen. Damit vor allem die Antimafiaaktivisten der Mafiaerziehung (pädagogisch) entgegenwirken können muß man zunächst wissen, welches ihre Ziele sind. Mafiaerziehung beinhaltet nach Augusto Cavadi (vgl. Cavadi, o.J.) unter anderem diese Elemente:

- amoralischer Familismus
- väterlicher männlicher Chauvinismus bzw. Machismus als Vorbildfunktion
- Respektieren der *omertá*
- Erhaltung und Verteidigung der eigenen Ehre und der Ehre der gesamten (Mafia-) Familie
- Verzicht auf Schule und somit auch auf eine Ausbildung, was sich durch die Abwertung der Arbeit in Italien erklären läßt
- dogmatische Mentalität
- keine klärenden Diskussionen, sondern Gewalt (dient auch schon zwischen den Kindern als Sprache)
- „falscher Heiligenkult": die heilige Maria ist die selbst ernannte Schutzpatronin der Cosa Nostra; sie wird am 25. März gefeiert

und es gibt noch andere verwerfliche katholische Riten wie zum Beispiel das Aufnahmeritual
- die Interessen der ehrhaften Verstorbenen werden oftmals in Form der *vendetta* in Ehren gehalten
- Gewinn an Geld und Macht als absoluter Wert
- Erziehung zu einem ausgeprägten Konkurrenzdenken in einer Welt der beschränkten Ressourcen, um überleben zu können
- Ausbeutung der sozial schwachen Schicht

Wenn man diese Erziehungsziele kennt, kann man versuchen, ihnen gezielt pädagogisch entgegenzuwirken.

Die „idealtypische" sizilianische Familie: geschlechtsspezifische Rollenteilung und Sozialisation

Zunächst soll die „idealtypische" sizilianische Familie dargestellt werden, da *mafiosi* in vieler Hinsicht wie ganz normale sizilianische Familien leben. Sie teilen vor allem die traditionellen Vorstellungen darüber, wie sich ein Vater und wie sich eine Mutter verhalten sollten, welche Aufgaben den Mitgliedern in der Familie zukommen und wie sie ihre Kinder erziehen sollten. Typisch für die meisten sizilianischen Familien ist eine klare Rollenverteilung nach Geschlechtern und der bereits erwähnte „Familismus", das heißt das unbedingte Vertrauen gegenüber der Familie und das Mißtrauen gegenüber dem „öffentlichen Raum"[21], sei dies nun die *piazza*[22], die Dorfgemeinschaft, oder die Institutionen des Staates. Dieses Mißtrauen gegenüber allem und jedem außerhalb der Kernfamilie leitet sich aus Siziliens Überlagerungsgeschichte her (vgl. hierzu Giordano 1992), also der ständigen Präsenz von Fremdherrschern, welche die Sizilianer über Jahrhunderte in politischer und ökonomischer Hinsicht ausgebeutet haben. Aus diesem Grund ist die Kohäsion und Stabilität der Familie für quasi alle Sizilianer der höchste Wert überhaupt (vgl. Bestler 2001a).

Die Aufgaben und die Rolle des Vaters

Dem Vater kommt in erster Linie die Rolle des Ernährers der Familie zu. Er ist auch derjenige, der die Familie nach außen hin vertritt. Innerhalb der Familie haben ihm alle Mitglieder Respekt zu erweisen, da er das

---

[21] Das „Öffentliche" wird als „Niemandsland" bezeichnet und nicht gleich dem Staat gesetzt, sondern es stellt alles dar, was nicht familiär oder klientelistisch ist. Somit ist der öffentliche Bereich eine Restkategorie und keine grundlegende Kategorie der Gesellschaft.

[22] Italienisch: Platz; gemeint ist der Dorfplatz oder ein Platz in der Stadt, auf dem sich das öffentliche Leben abspielt.

Familienoberhaupt ist. Bei Tisch wird er von den weiblichen Mitgliedern der Familie bedient. Prinzipiell hat er immer das letzte Wort und er erfährt keinen Widerspruch (vgl. Bestler 2001a).

Nach Gilmore (vgl. Gilmore 1993: S. 45ff) kommen dem Mann und somit auch dem sizilianischen Familienvater diese drei Hauptaufgaben zu: die Schwängerung seiner Ehefrau und somit die Zeugung möglichst vieler Nachkommen, die Versorgung seiner Abhängigen und schließlich das Beschützen der Familie. Zunächst einmal muß ein Mann der Gesellschaft beweisen, daß er ein „richtiger" Mann ist. Und das geschieht durch die Zeugung möglichst vieler (vorzugsweise männlicher) Nachkommen. Daraus ergibt sich seine zweite wesentliche Aufgabe, nämlich die Versorgung seiner Abhängigen. Dazu zählen seine Frau und seine Kinder. Arbeit generell wird im mediterranen Raum abgewertet, aber der Mann opfert sich für die Familie und so legitimiert sich die Arbeit. Die dritte wichtige Aufgabe des „idealtypischen" sizilianischen Vaters ist das Beschützen seiner Familie. Dazu muß er vor allem seine eigene Ehre sowie die Ehre der gesamten Familie nach außen hin verteidigen.

Die Aufgaben und die Rolle der Mutter

Die Mutter ist das „Herz" jeder sizilianischen Familie. Ihr kommt in erster Linie die Führung des Haushalts und die Erziehung der Kinder zu. In aller Regel ist sie nicht erwerbstätig und verläßt nach Möglichkeit nur mit männlicher Begleitung das Haus. Auch wenn die Mutter sich dem „Herrn des Hauses" offiziell in allen Belangen unterordnet, verfügt sie doch über eine nicht unerhebliche informelle Macht, da sich die Kinder ihr eher als dem Vater anvertrauen und sie den Ehemann geschickt lenkt. Vor allem die Söhne werden auf jede erdenkliche Art und Weise verwöhnt. Nicht umsonst bleiben die Mütter die wichtigsten Frauen im Leben ihrer Söhne, die deshalb auch ironisch als *mammoni*[23] bezeichnet werden.

---

[23] Italienisch: Muttersöhnchen

Sizilianische Männer und Frauen leben in getrennten Welten und damit ist auch eine räumliche Trennung gemeint. Männer verbringen den größten Teil des Tages unter Männern und somit außer Haus, das ja der Frau vorbehalten ist. Eine sizilianische Frau zeigt sich nach außen hin passiv, da sie am gesellschaftlichen Leben kaum teilnimmt. Sie scheint auf den ersten Blick introvertiert, um der Extroversion ihres Ehemannes mehr Ausdruck verleihen zu können. Daneben gibt sie sich abhängig von ihrem Mann, fast schon unterwürfig, um sein Ansehen in der Gesellschaft auf gar keinen Fall in Frage zu stellen (vgl. Gilmore 1993: S. 56f).

Geschlechtsspezifische Sozialisation

Die Söhne werden dazu erzogen, eine eigene Familie zu gründen, zu ernähren und deren Ehre verteidigen zu können. Die Mädchen werden zur Haushaltsführung und „anständigem" Verhalten erzogen. Die Söhne werden – wenn Geld vorhanden ist – auf die Universität geschickt, dagegen wird dies bei den Mädchen nicht für notwendig erachtet, da sie ja einmal andere Aufgaben wahrnehmen sollen, als Karriere zu machen. Sie sollen – genauso wie ihre Mutter – später einmal fähig sein, ihren eigenen Haushalt ordnungsgemäß zu führen, ihrem Ehemann „eine gute Frau zu sein", die Kinder zu erziehen und die Familie zu „leiten". Für die Mädchen ist es besonders wichtig, ihre Ehre zu bewahren und somit die Unversehrtheit der Familie nach außen hin darzustellen. Die Söhne werden zu Autorität erzogen, die Mädchen hingegen zu Gehorsam. Beide, sowohl die Töchter als auch die Söhne, lernen in jedem Falle, die eigene Familie und deren Wohl über den Rest der Gesellschaft zu stellen. Denn auch bei der „idealtypischen" sizilianischen Familie spielt der (amoralische) Familismus eine wesentliche Rolle. Die Privatheit (gemeint ist die Kernfamilie) stellt Sicherheit und Verläßlichkeit für den Einzelnen dar. Und der Einzelne ist legitimiert, das Wohl seiner Familie zu sichern, auch wenn dies gegen das Gemeinwohl geht. So wird auch die Kernfamilie stets einer größeren Gemeinschaft vorgezogen, die Gemeinschaft jedoch nur zum Vorteil der Familie ausgenutzt. Im Gegensatz dazu herrscht eine negative Einschätzung und Mißtrauen gegenüber dem öffentlichen Bereich vor. Dieser öffentliche Raum gilt als feindlich und unzuverlässig. Das Öffentliche wird als Fremdkörper empfunden (vgl. Bestler 2001a).

Die geschlechtsspezifische Rollenaufteilung und Sozialisation in der mafiosen Familie

Die Mafiafamilie unterscheidet sich, wie schon erwähnt, in vielen Punkten nicht von der traditionellen sizilianischen „Durchschnttsfamilie". Da sich mafiose Familien aber in einer ganz spezifischen Subkultur bewegen, kommen sowohl für die mafiosen Eltern noch einige Erziehungsziele hinzu, auf deren Realisierung sie beim Aufwachsen ihrer Kinder achten müssen.

Im folgenden Teil sollen zunächst die Aufgaben und die Rolle des mafiosen Vaters sowie der mafiosen Mutter beschrieben werden. Danach wird kurz auf die geschlechtsspezifische Sozialisation der Kinder eingegangen. In einem Exkurs soll die Bedeutung der Ehre für die mafiose Familie dargestellt werden.

Die Aufgaben und die Rolle des mafiosen Vaters

Auch der Vater einer Mafiafamilie ist in erster Linie Ernährer seiner Familie und Repräsentant seiner Ehefrau und Kinder gegenüber der Öffentlichkeit. Seine illegalen Aktivitäten erfordern aber darüber hinaus noch einige besondere Verhaltensweisen. Zum Beispiel darf er seine blutsverwandte Familie offiziell über seine „Geschäfte" nicht informieren. Die *omertá* gilt auch gegenüber der Ehefrau und den Kindern[24]. Viele *mafiosi*, wie etwa der Fall von Antonio Calderone[25] zeigt, halten sich aber

---

[24] Der *uomo d'onore* muß versuchen, die Aktivitäten der Cosa Nostra vor seiner Ehefrau und seinen Kindern geheim zu halten. Er beschützt sie dadurch, denn falls die Ehefrau offiziell Bescheid weiß, muß er sie entweder selbst töten oder von jemandem töten lassen. Falls der *mafioso* sich jemandem außerhalb der ehrenwerten Gesellschaft anvertrauen sollte, würde das bedeuten, den Fahneneid zu verraten und er muß sterben.

[25] Antonio Calderone war ein *pentito* aus Catania. Durch seine Aussagen als Kronzeuge konnten zahlreiche Haftbefehle für *mafiosi* ausgestellt werden. Calderone

innerhalb der Familie nicht an diese Vorschrift. Darüber hinaus würde es zumindest der Ehefrau kaum verborgen bleiben, wenn ihr Gatte halbe Nächte außer Haus verbringt, Waffen oder flüchtige *mafiosi* im Haus versteckt oder von Nachbarn und Geschäftsleuten mit einem ganz besonderen Respekt behandelt wird, denn auch ihr kommt der entsprechende Respekt entgegen. Dem mafiosen Vater kommt außerdem die Aufgabe zu, vor allem seine Söhne mit seinen Geschäften vertraut zu machen und ihnen zu zeigen, wie sich ein „richtiger" Mann – *un uomo tutto di un prezzo* [26] – wie man in Sizilien sagt – zu verhalten hat (vgl. Bestler 2001a).

Zunächst einmal zeichnet sich ein Mafiavater dadurch aus, ein *mafioso* zu sein. Aber was ist eigentlich ein *mafioso*? Dazu sagt Pitre folgendes (vgl. Pitre 1969: S. 292): Der *mafioso* ist weder ein Dieb noch ein Straßenräuber. Der *mafioso* ist einfach ein tüchtiger Mann, der sich nicht auf der Nase herumtanzen läßt; in diesem Sinn ist es notwendig, ja sogar unumgänglich, *mafioso* zu sein. Aber was bedeutet es, sich auf mafiose Weise zu verhalten? Arlacchi (Arlacchi 1989: S. 29) meint, „Es bedeutet, sich *Respekt zu verschaffen*, ein *uomo d'onore* zu sein, fähig aus eigener Kraft, jede Beleidigung der eigenen Person und Persönlichkeit zu rächen und einem Feind jede Beleidigung zuzufügen."

Ein *mafioso* zeichnet sich vor allem durch die folgenden Normen, Werte und Eigenschaften aus:

Omertá:

Ein *uomo d'onore* muß in erster Linie fähig sein, das Gesetz der *omertá* einhalten zu können. Er darf das Schweigegebot aufgrund des Ehrenkodexes bzw. unter dem Druck von Einschüchterung und Terror gegenüber Polizei und Justiz unter keinen Umständen brechen. Durch die *omertá* wird die Herrschaft der Cosa Nostra aufrecht erhalten, da

---

half der Justiz bei der Aufdeckung mafioser Verbrechen, indem er viele Geheimnisse der Cosa Nostra preisgab; (vgl. Caponnetto & Saverio 1993: S. 93ff)

[26] Italienisch: ein Mann, ganz aus einem Stück

somit kein „Insiderwissen" nach außen dringen kann (vgl. Brütting 1997: S. 542).

Ausspionieren:
Eine umfassende Information über Käufer und Verkäufer sind grundlegend für die Garantie und den Schutz, den die Familie anbietet. Das Ausspionieren dient auch als Mittel, um eventuelle Repression durchzusetzen. Diese Informationsnetze umfassen die ganze *famiglia* und die *amici degli amici*.[27]

Gewalteinsatz:
Der Gewalteinsatz dient als Abschreckung und ist als negative Sanktion grundlegend für die „Garantiegebung". Gewalt wird zur Durchsetzung von Verträgen zwischen geschützten Partnern aber auch bei Konkurrenz zwischen verschiedenen Schützern eingesetzt. Bei der Regelung der Nachfolge, das heißt bei Problemen der Übertragung der Reputation und Konkurrenz innerhalb der Familie, spielt Gewalt eine Rolle. Je stabiler und durchorganisierter eine Mafiafamilie ist (hohe Reputation), desto geringer ist die Gewalt.

Werbung:
Da die Mafia auch ein wirtschaftliches Unternehmen ist, herrscht unter den einzelnen Mafiafamilie starke Konkurrenz. Ein *mafioso* versucht, durch großzügige Gesten und kleine, auf den ersten Blick kostenlos erscheinende Dienstleistungen im Alltag, auf sich aufmerksam zu machen, und betreibt somit Werbung für sich und seine *famiglia*.

Religiöse Ehrfurcht:
Die „ehrenwerte Gesellschaft" bezeichnet sich selbst durchaus als religiös. Als Schutzpatronin der Mafiahochburg Palermo gilt Santa Rosalia. Nach Aussagen der *uomini d'onore* ist die Heilige Maria die Schutzpatronin der Mafia. Die „ehrenwerte Gesellschaft" findet sich

---

[27] Italienisch: Freunde der Freunde; gemeint sind die *mafiosi*

immer wieder an den zahlreichen Gedenkstätten, die sich an fast jeder Straßenecke finden lassen, ein, um ihren Glauben zu demonstrieren (und vielleicht ihre soeben begangenen Straftaten zu beichten). Wenn ein *mafioso* aus dem Gefängnis entlassen wird, wird er oftmals von einem Priester abgeholt. Das ist ein Zeichen dafür, daß Gott ihm seine Sünden und Straftaten vergeben hat. Auch am den großen Heiligenprozessionen, die regelmäßig für die Schutzheiligen einzelner Dörfer oder Städte veranstaltet werden, nehmen die Ehrenmänner gerne teil. Einmal jedoch wurde eine solche Veranstaltung als Schauplatz für einen Mordversuch an dem nicht-mafiosen Priester Paolo Turturro mißbraucht (siehe unten).

Kontakt zu Ordnungshütern:

Ein potentieller Ehrenmann darf nicht mit einem Polizisten oder einem Richter verwandt sein. Auch einem Mitglied der Cosa Nostra ist es verboten, Kontakte zu Ordnungshütern zu pflegen. Dies wäre ein Eingeständnis, daß er nicht selbst für Schutz sorgen kann. Desweiteren ist es verboten, vor Gericht „geistige Verwirrtheit" zu simulieren, denn ein *mafioso* steht für seine Taten und ein Gefängnisaufenthalt bringt ihm Ehre ein.

Ehrenkodex:

Die wichtigste Aufgabe eines *mafioso* genauso wie die jedes Sizilianers ist es, die Ehre seiner Familie (gemeint ist die Blutsverwandtschaft) zu erhalten und zu verteidigen. Er muß strenge Regeln in sexueller Hinsicht befolgen und ein ebenso untadeliges Familienleben nachweisen können siehe unten).

Ehrlichkeit:

Ein *mafioso* hat exakte, präzise Informationen an die *famiglia* weiterzugeben und es dürfen absolut keine Lügen untereinander verbreitet werden. Die Unehrlichkeit eines *mafioso* wird in der Regel mit dem Tod bestraft[28].

Treue zur Cosa Nostra:
Der Wechsel zwischen den Mafiafamilien ist ausgeschlossen. Ein *mafioso* ist Zeit seines Lebens Mitglied seiner *famiglia* und der Mafia generell. Das bestätigt er beim Inituationsritus (vgl. Bornefeld o.J.).

Im mediterranen Raum verbindet man die Rolle des Mannes oft mit dem Begriff „Machismo". Hier bilden auch die Ehrenmänner keine Ausnahme. Die männliche Promiskuität und Potenz haben einen hohen Stellenwert innerhalb der „ehrenwerten Gesellschaft", denn Sexualität wird mit Macht assoziiert. Ein Macho zeichnet sich unter anderem durch Aggressivität und Promiskuität des männlichen Sexualverhaltens aus. Er steht schon von Kind an unter dem Zwang, seine Männlichkeit ständig unter Beweis

---

[28] Michela Buscemi, die aus einer mafiosen Familie stammt, erzählte mir im Oktober 2001, daß ihr Bruder Salvatore sein Geld mit Hilfstätigkeiten verdient hat. Er hat Zigaretten geschmuggelt, ohne die Mafia zu fragen. Die Mafia hat ihn gewarnt, aber er hat trotz Warnungen weitergemacht. Er war mit seinem Bruder Giuseppe abends in einer Trattoria und zwei maskierte Männer kamen mit einer *lupara*, dem Mordinstrument der Mafia, einer abgesägten Schrotflinte, herein. Sie schossen ihn nieder. Giuseppe wurde nur verletzt. Eine dritte Person hat im Auto gewartet und die maskierten Männer sind weggefahren. Die Mörder konnten nicht erkannt werden. Sie waren aus dem Grund maskiert, weil sie wahrscheinlich Bekannte des Opfers waren. Michelas Bruder Rudolfo wollte die Mörder finden. Er wollte Beweise sammeln, um ein rechtskräftiges Urteil zu erhalten. Rudolfo wurde gewarnt und ihm wurde geraten, das Stadtviertel zu verlassen. Aber dieser hatte keine Angst vor seinem Tod. Nach einem Monat haben ihm Männer auf der Straße Arbeit angeboten. Die Ehefrau konnte die Szene vom Balkon aus beobachten. Das Telefon klingelte jedoch in der Wohnung, aber niemand meldete sich am anderen Ende. Als sie wieder auf den Balkon trat, waren Michelas Bruder und ein Bruder der Ehefrau verschwunden. Man hat sie nie wieder gesehen. Nach 1 1/2 Jahren rief eine Nachbarin bei der Ehefrau an und sagte, sie solle zum Fenster hinaus schauen, denn Männer brächten einen Koffer zum Meer. Darin befand sich die Leiche der 0zwei Männer. Sie haben sie tatsächlich im Meer versenkt.

zu stellen. Und das geschieht nicht nur durch die Präsentation der männlichen Körperbehaarung, das Tragen möglichst enger Hosen oder bestimmter Statussymbole, sondern auch durch die entsprechenden Verhaltensweisen. Eine wichtige Eigenschaft des Machos ist seine Zeugungsfähigkeit. Schon in den ersten Jahren der Ehe wird von der Familie und von der örtlichen Gesellschaft erwartet, daß der Mann ein Kind, möglichst einen Sohn zeugt. Hier soll nicht nur die Potenz des Mannes der Öffentlichkeit gezeigt werden, sondern die Frau beweist auch, daß sie eine „richtige" Frau ist. Ein Macho bringt ständig (vor allem in Gesellschaft weiterer Männer) sein sexuelles Interesse an Frauen zum Ausdruck, was nicht selten zu Untreue oder Ehebruch führt. Doch solange die Ehefrau davon nichts erfährt, verliert er sein Ansehen in der Regel nicht, sondern es bringt ihm – im Gegenteil – Ehre ein (vgl. Rünzler 1988:113ff).

Die Aufgaben und die Rolle der mafiosen Mutter

> *„La donna bona nun havi né occhi né oricchi.*
> Eine gute Frau hat weder Augen noch Ohren."
> (Bonavita 1993: S. 88).

Die sizilianische Mafia stellt sich nach außen hin als reine Männergesellschaft dar, die Frauen von jeher rigoros ausgeschlossen hat. Denn die Frauen seien unzuverlässig, geschwätzig und über die Geheimnisse der „ehrenwerten Gesellschaft" auf gar keinen Fall zu informieren. Aber trotzdem sind die Frauen in der mafiosen Ideologie allgegenwärtig. Denn diese basiert auf dem Mythos des Schutz gewährenden Familienvaters, der die Ehefrau als Mutter seiner Söhne achtet. Die Frau hat durch ihr Verhalten für die Reputation des Mannes zu sorgen und ihre Verwandtschaftsbeziehungen lassen sich für kriminelle Aktivitäten instrumentalisieren. Gegenüber dieser Idealisierung steht Haß und Brutalität gegen Frauen. Die Frauen müssen sich innerhalb dieser Strukturen unterordnen und werden so unweigerlich zu Mitwissern und Komplizen. Abhängigkeit wandelt sich so zu Beteiligung, Verantwortlichkeit und Schuld (vgl. Siebert 1997).

Auch der Mafiamutter fällt die Aufgabe der Führung des Haushaltes und der Erziehung ihrer Kinder in erster Linie zu. Darüber hinaus sind gerade sie es, die ihren Kindern – neben den traditionellen geschlechtsspezifischen Aufgaben – bestimmte Werte, wie etwa die Verachtung des Staates inklusive aller seiner Vertreter[29], die *omertá*, die Pflicht zur *vendetta* etc. beibringen. Gerade sie sind die Hüterinnen der traditionellen sizilianischen, aber auch der mafiosen Werte und drängen sowohl die Söhne als auch die Töchter dazu, sich entsprechend zu verhalten (vgl. Bestler 2001a). Falls sich diese wehren, wie etwa Rita Atria, unterliegen sie schwersten Sanktionen seitens ihrer Mütter. Die folgende Geschichte soll dieses Phänomen veranschaulichen:

Rita Atria:

Rita Atria stammte aus der sizilianischen Mafiafamilie Atria in Partanna. Nachdem ihr Vater Don Vito Atria (†18.11.1985) und ihr Bruder Nicola Atria (†24.06.1991) von der Mafia ermordet wurden, beschloß sie mit nur siebzehn Jahren, als *pentita* [30] mit der Justiz zusammenzuarbeiten. In Partanna konnte Rita nicht mehr bleiben, weil sie gegen die omertá verstoßen hatte und die Mafia sie somit umgebracht hätte. Sogar ihre eigene Mutter Giovanna Cannova wünschte Rita den Tod. Aus diesem Grund mietete der italienische Staat eine Wohnung für sie, ihre Schwägerin Piera Aiello (ebenfalls *pentita*) und deren Tochter Vita Maria in Rom. Sie lebten dort unter falschem Namen. Rita Atria war die bislang jüngste Aussteigerin und wurde von den Richtern liebevoll *pentita in gonnella* [31] genannt. Neun Tage nach der Ermordung des Richters Paolo

---

[29] Hier sind vor allem Polizisten gemeint, denn es gibt in Italien und besonders in Sizilien soviele Polizistenwitze wie sonst nirgendwo. Die Ordnungshüter werden in keinster Weise ernstgenommen.

[30] Italienisch: Reumütige, Aussteigerin aus der Mafia, die mit der Justiz zusammenarbeitet; weibliche Form des *pentito*

[31] Italienisch: Aussteigerin im Röckchen; ein Kosename für Rita

Borsellino, am 26.07.1992 nahm sich Rita Atria selbst das Leben, indem sie vom Balkon ihrer Wohnung im siebten Stock sprang. Sie hinterließ den Satz „Jetzt gibt es keinen mehr, der mich beschützt, ich habe den Mut verloren, ich kann nicht mehr...". Die Mutter erschien nicht auf Ritas Beerdigung. Als Zeichen ihrer Verachtung ging sie einige Tage danach zum Grab und zerschlug den Grabstein mit einem Hammer. Unter Ritas Foto stand: *La veritá vive*, die Wahrheit lebt. Piera Aiello und ihre Tochter Vita Maria leben heute noch unter falschem Namen an einem geheimen Ort, irgendwo auf der Welt (vgl. Reski 1994; vgl. Rizza 1994).

Rita Atria's Mutter mußte so handeln, um nicht selbst der Mafia zum Opfer zu fallen. Die Bindung zur Cosa Nostra ist stärker als die zur blutsverwandten Familie.

Wenn man an eine *donna mafia*[32], auch *donna d'onore*[33] genannt, denkt, hat man das Bild einer schwarz gekleideten Frau vor Augen, die von den Männern ihrer Familie unterdrückt wird und im Haus eingeschlossen ist. Das ist heutzutage nicht mehr der Fall. Trotzdem hat sie sich den traditionellen Rollenvorschriften zu beugen. Ihre Aufgabe ist in erster Linie das Bewahren und Übermitteln der familiären Werte.

Ursprünglich hatte eine mafiose Mutter folgenden Zielen zu dienen:

1. Bewahrung der traditionellen Werte wie der *omertá* und der *vendetta*; Erziehung der nachfolgenden Generationen in diesem Sinne.

2. Billigende oder zumindest schweigende Hinnahme der mafiosen Aktivitäten ihres Ehemannes.

3. Die Frau als „Heiratsobjekt", um die bestehende Familie zu stärken oder zu vergrößern (vgl. Bonavita 1993: S. 55).

Die Wirklichkeit sieht mittlerweile anders aus: Die sizilianische Mafiafrau trägt heute Designerkleider und hat eine aktive Rolle in den geschäftli-

---

[32] Italienisch: Mafiafrau
[33] Italienisch: Ehrenfrau, präziser wäre die Übersetzung „Frau der Ehre"

chen Angelegenheiten der Familie. Sie ist eine Klein-Dealerin, Kurier in Sachen Rauschgift, Drogenhändlerin oder Managerin. Die Frau ist oft die eingetragene Inhaberin von Finanz- oder Imobiliengeschäften. Durch diese illegale Bereicherung bessern die Mütter oftmals die Haushaltskasse auf. Über diese Fälle wird fast täglich in den Zeitungen berichtet. Das Giornale di Sicilia vom 06. Oktober 1984 schreibt: *Giovane casalinga smerciava eroina nella sua abitazione.* – Eine junge Hausfrau hat Heroin in ihrer Wohnung verkauft. Oder am 05. November 1985 im Giornale di Sicilia: *È una casalinga incensurata. Arrestata alla Vucciria*[34]. *Spacciava droga in vestaglia e pantofole.* – Sie ist eine unbescholtene Hausfrau. Verhaftet in der Vucciria. Sie hat mit Drogen im Morgenrock und mit Pantoffeln gehandelt. Auch am 28. Oktober 1984 berichtet dieselbe Tageszeitung über einen weiteren interessanten Fall: *Dal balcone del secondo piano vendevano la droga col paniere.* – Über den Balkon im zweiten Stock haben sie Drogen in einem Korb verkauft (zitiert aus Casella 2001: S. 77). Tatsächlich sieht man in Palermo immer wieder, wie Frauen ein an einer Schnur befestigtes Körbchen von ihrem Balkon hinunterseilen. Der Inhalt wird mit einem Tuch bedeckt und ein unauffällig wartender Passant nimmt das Päckchen in Empfang. Als *Nonna Eroina*[35] ist Angela Russo in die Geschichte eingegangen. Als Tochter eines *mafioso* aus Palermo begann sie nach ihrer Heirat mit Drogen zu handeln und noch mit über siebzig Jahren verkaufte sie in ihrem eigenen Wohnzimmer Rauschgift. Sie bezog die ganze Familie mit in ihr Geschäft ein und sogar die kleinsten Kinder mußten auf der Straße Drogen verkaufen. 1981 wurde *Nonna Eroina* mitsamt ihrer Familie festgenommen, doch sie mußte nur eine fünfjährige Haftstrafe verbüßen. Sie starb im Jahre 1990 (vgl. Longrigg 2000: S. 304).

---

[34] Die Vucciria ist einer der schönsten historischen Märkte Palermos. Hier herrscht immer reges Treiben und es werden die herrlichsten Speisen, frischer Fisch und Meeresfrüchte, Obst und Gemüse, Kurzwaren oder auch Raubkopien der aktuellen Musikhits angeboten.

[35] Italienisch: Heroin-Oma

Diese Frauen sind in der Regel kein Opfer des *ambiente mafioso*[36], sondern sie sehen darin ihre kulturellen Wurzeln und sie demonstrieren somit eine bewußte Treue zur Mafia. So läßt sich auch die Reaktion vieler Mütter auf den Ausstieg eines Familienmitgliedes erklären. Außer Angst und rationaler Berechnung zeigt dieser Bruch der *omertá* eine Schande. Die Folge ist die Verleugnung des *pentito*. Die Familienbindung in der Mafiafamilie ist stärker als in der biologischen Familie.

Die Frauen bilden das Fundament der Mafia, indem sie über die blutsverwandte Familie herrschen. Sie übermitteln die Werte wie Ehre, Schande, Treue und Verrat durch Erziehung von einer Generation in die nächste. Aber die sizilianische Mafia geht mit Müttern, die diesen Aufgaben nicht „adäquat" in den Augen der *uomini d'onore* nachkommen, gnadenlos unbarmherzig um. „Die jüngste Chronik kennt Geschichten von Frauen, denen die noch kleinen Kinder von Männern der ‚ehrenwerten Gesellschaft' entrissen wurden, weil sie als Mütter unzuverlässig geworden waren und die Pädagogik des Todes nicht mehr gewährleisteten." (Siebert 1997: S. 57)

Seit es die *pentiti* gibt, herrscht verstärkt Mißtrauen unter den Mafiafamilien, denn jedes Mitglied könnte rein theoretisch einmal aus der Cosa Nostra aussteigen und somit die übrigen Ehrenmänner verraten. Aus diesem Grund geht das Vertrauen mehr und mehr auf die Ehefrau über. Sie übernimmt die beratende, unterstützende und ermutigende Funktion. Nicht zuletzt fordern sie auch die *vendetta*, die Blutrache und setzen diese auch durch. Die Frauen der Ehrenmänner werden „First Ladies der Mafia" genannt, weil sie viele Privilegien und Vorteile haben. Sie genießen aufgrund der Position ihres Mannes ein hohes Ansehen in der Gesellschaft. So ist es in Sizilien selbstverständlich, daß eine *donna mafia* beispielsweise in einem noch so überfüllten Laden, den sie als Letzte betritt, sofort bedient wird. Sie wird vom Verkäufer oder Ladenbesitzer nach allen Regeln der Kunst hofiert und bezahlt nicht für ihre Einkäufe, sondern bekommt dazu noch viele Geschenke.

---

[36] Italienisch: mafioses Ambiente

Neben dem erhöhten gesellschaftlichen Status nehmen die *donne d'onore* auch in juristischen Belangen eine Sonderstellung ein, unter anderem weil sie nicht gezwungen werden können gegen ihre Ehemänner auszusagen und somit für die Juristen nahezu unantastbar sind. Nur selten wird eine Frau wegen eines Mafia-Deliktes verurteilt. Die Mafia vertraut der Stärke ihrer Frauen. Denn es gibt Frauen, die zum Beispiel als Rechtsanwältinnen für die „ehrenwerte Gesellschaft" arbeiten wie zum Beispiel Rosalba di Gregorio. Sie verteidigte die Mörder der Antimafiarichter Giovanni Falcone und Paolo Borsellino vor Gericht. Rosalba di Gregorio wurde dazu von einem der führenden Mafiabosse, Giovanni Bontate, beauftragt und vertritt jetzt die Verbrecher ihrer eigenen Familie vor Gericht. Sie wird „Anwältin des Teufels" genannt und gilt als Heldin aller Mafiafrauen in Sizilien (vgl. Reski & Shobha 1998).

Wie alle Mütter haben natürlich auch diese Frauen in erster Linie die Aufgabe stets für die Familie da zu sein und ihre Kinder zu erziehen. Eines ihrer Erziehungsziele ist blinder Gehorsam. Eine weitere Aufgabe ist das Verstecken flüchtiger Mörder und anderer Verbrecher, die aus ihrer *famiglia* im Sinne der Mafiafamilie stammen. Ist der Ehemann im Gefängnis, hat die Frau die Aufgabe, die geschäftlichen Aktivitäten zu steuern und ihren Mann darüber zu informieren. Dies geschieht durch eine spezielle Geheim- und Zeichensprache, mit der innerhalb der „ehrenwerten Gesellschaft" kommuniziert wird (vgl. Reski & Shobha 1998, S. 34ff).

Der sizilianische Schriftsteller Leonardo Sciascia haßt regelrecht die Sizilianerinnen und im Besonderen die Mafiafrauen, die an das Selbstwertgefühl ihrer Söhne appellieren und diese zur Ausführung der *vendetta* heranziehen. Er macht die Rachelust dieser Mütter für viele Tragödien verantwortlich, indem er sagt: „Die süditalienischen Frauen sind schrecklich in dieser Hinsicht. Wie viele Verbrechen wurden von diesen Frauen verursacht, angestiftet und unterstützt!" (Sciascia 1984: S. 14). Mit seiner Aussage hat Sciascia nicht unrecht, denn tatsächlich wurden in der Vergangenheit viele Mafia-Verbrechen von Frauen verübt, wie dies auch Pupetta Maresca getan hat. Pupetta Maresca stammt aus

Neapel und gehört zur Camorra. Aber auch ihr kommen dieselben Aufgaben zu wie den Frauen in der Cosa Nostra. Pupetta Maresca hieß eigentlich Assunta Maresca. Sie sah es als ihre Pflicht an, den mutmaßlichen Mörder ihres Mannes selbst zu erschießen. Als „rächende Witwe" wurde sie berühmt und organisierte aus dem Gefängnis heraus weiterhin die Geschäfte ihres verstorbenen Mannes. Zusammen mit anderen *camorristi*[37] gründete sie die sogenannte *nuova-famiglia*[38], die gegenüber dem alten Einflußbereich, den Pupettas Mann kontrollierte, erheblich an Macht gewann. Nachdem sie erneut hinter Gitter mußte, regelte sie den Umbau der Organisation mit harter Hand (vgl. Historisches Institut RWTH Aachen 2001).

Die Sozialisation der Kinder zu *mafiosi*[39] und *mafiose*

Kein Kind wird als *mafioso* geboren, sondern dazu gemacht[40]. Verschiedene Prozesse können dazu führen, daß ein junger Mann zu einem *mafioso* wird. Überzeugung kann eine Rolle spielen, das heißt der junge Mann wählt diesen Weg, weil er auf diese Weise zu Ansehen und Wohlstand gelangen möchte. Angst kann ebenso eine Rolle spielen, das heißt er selbst würde möglicherweise einen anderen Weg wählen, aber die (männlichen) Verwandten zwingen ihm die „Mafiakarriere" auf, wie es im Falle von Leonardo Vitale geschehen ist.[41] Der wichtigste Grund aber,

---

[37] Mitglieder der Camorra

[38] Italienisch: neue Familie

[39] männliche Pluralform; *il mafioso* = der Mafioso; *la mafiosa* = die Mafiosa; im Plural *i mafiosi* = die Mafiosi (Männer), *le mafiose* = die mafiosen Frauen

[40] Es gibt nachweislich kein „Mafia-Gen".

[41] Leonardo Vitale war ein ängstlicher junger Mann, der von seinem Onkel – einem *mafioso* – richtiggehend dazu gezwungen wurde, der Mafia beizutreten. Leonardo Vitale hatte aber große Probleme mit dieser Art zu leben und entschied sich in den 70er Jahren aus der Mafia auszusteigen. Er ging zur Polizei – Vitale war der erste *pentito* überhaupt – und packte aus. Ihm wurde aber nicht geglaubt und er wurde in eine psychiatrische Klinik eingewiesen. Kurz nach seiner Entlassung

warum ein junger Mann *mafioso* bzw. ein Mädchen *mafiosa* wird, ist zweifellos die familiäre Erziehung und die Sozialisation im entsprechenden Milieu (vgl. Bestler 2001a).

Betrachten wir nun die zentralen Werte und Verhaltensweisen, die den Söhnen und Töchtern von Mafiaeltern beigebracht werden. Casarrubea und Blandano (vgl. Casarrubea & Blandano 1991) nennen hier in erster Linie den Gehorsam. Der „mafiose Geist" manifestiert sich immer darin, dem Schwächeren den Willen des Stärkeren aufzuzwingen. Die Mafia benötigt für ihr permanentes Fortbestehen den Konsens breiter Bevölkerungsschichten und damit deren Gehorsam. Eigenes Denken oder Autonomie können von der „ehrenwerten Gesellschaft" nicht geduldet werden. Dementsprechend werden Mafiasöhne und -töchter zunächst einmal zu absolutem Gehorsam gegenüber ihren Eltern erzogen. Darüber hinaus wird den Kindern ein bestimmter Jargon beigebracht, der nur im mafiosen Milieu verstanden wird. Neben dem Jargon werden den Kindern bestimmte Verhaltenskodizes vermittelt, also etwa die unbedingte Loyalität gegenüber der eigenen Familie und die Ablehnung von *sbirri*[42], also vor allem Polizisten.

Früher wurden die Mädchen noch mehr als heute zur Scham erzogen. Nun sind die Frauen eher als „schmückendes Beiwerk" ihres mächtigen oder auch nur machtgierigen Mannes zu sehen, um ihm im Wettstreit mit seinen Konkurrenten Ehre und Ansehen zu verleihen (vgl. Siebert 1997: S. 53).

Emanuele Brusca, der Bruder von Giovanni Brusca, sagte in einem Interview über seine Kindheit: „Eigentlich merkt man es gar nicht. Es ist ein Lebensstil, eine ganz natürliche Kindheit, ein ganz normales Leben. In meiner Familie war es so natürlich, von der Mafia zu leben, wie zu atmen. Es gab für uns keine andere Wahl. Jeder im Dorf, der mich kannte, wußte es. Und sie rissen sich darum, mich zum Abendessen oder zum

---

wurde er von der Mafia ermordet, weil er das Gesetz der omertá gebrochen hatte und zum Verräter geworden war.

[42] Sizilianisch: Spione

Mittagessen einzuladen (...). Ich hatte sehr wenige Freunde. Du weißt ja nie, ob der, der dich einlädt, dich wirklich mag oder ob er es nur aus Heuchelei macht, weil er etwas von dir will – eine Empfehlung oder Hilfe." (Reski 2001: S. 46)

Das Verhältnis der Mafia zu Kindern ist ein besonderes, denn sie sind für die Sicherung der mafiosen Macht unter zwei verschiedenen Gesichtspunkten wichtig: erstens hinsichtlich der Strategie der Angst (Druckmittel) und zweitens aus ökonomischer Sicht, da sich Kinder aus diversen Gründen außerordentlich gut für Handlangerdienste eignen. Beginnen wir zunächst mit der Beschreibung dieser Gründe: Kinder werden in erster Linie als Drogenkuriere und als sogenannte „Baby-Killer" mißbraucht, da sie flink und unauffällig arbeiten und vor allem unter dem Schutz des Gesetzes stehen. Für die Ausführung eines von einem Erwachsenen (in vielen Fällen sind ihre Eltern die Auftraggeber) beauftragten Verbrechens können Minderjährige nicht bestraft werden (vgl. Siebert 1997: S. 175ff). Luciano Violante (vgl. Violante 1993: S. 279), Vorsitzender der palermitanischen Antimafiakommission, nennt als Gründe für die Einbeziehung der Kinder in die ökonomischen Aktivitäten der Mafia folgende Gründe: Das Kind ist für die Verbrecherwelt eine Ressource, denn das kriminelle Kind kostet die Mafia wenig. Als eventueller Zeuge der Anklage wird es nur wenig glaubwürdig sein – das Risiko einer Verurteilung ist also geringer. Ein Kind kann man leichter einschüchtern oder sogar töten. Das Kind wächst mit den Werten Aggression und Gewalt auf, identifiziert sich mit ihnen und ist nicht mehr nur deren Opfer. Gerade arme Kinder können somit über Geld verfügen, das sie sonst nicht besäßen und sie können somit aktiv am Handelsaustausch teilnehmen und auf diese Weise endlich eine eigene Identität gewinnen.

Die Zahl der Jungen, die schon im Kindesalter in die Machenschaften der Mafia verwickelt sind, übersteigt die Zahl der Mädchen bei weitem. Denn die Rolle des Ernährers einer Familie hat traditionell der Mann zu übernehmen. Ein Grund für den Beitritt der Jungen in die Cosa Nostra liegt in der hohen Jugendarbeitslosigkeit auf Sizilien. Um Geld zu verdienen nehmen die Jungen gefährliche Arbeiten für wenig Geld an. Ein Kind führt einen Mord schon für ehemals 500.000 Lire, umgerechnet circa 260 Euro, aus (vgl. Von Gunten 2001).

Der Sohn eines *capo famiglia* wird dazu geboren, die Nachfolge seines Vaters anzutreten. Deshalb fallen ihm schon von Kindheit an wichtige Aufgaben zu. Er ist zunächst der Verbündete des Vaters und zu seinen Pflichten zählen vor allem:

- Teilnahme an den Versammlungen und Besprechungen der Mafiafamilie
- Aktive Teilnahme an der Schutzgelderpressung
- Organisation von Waffen
- Abwicklung von Drogengeschäften
- Autodiebstahl (das Auto wird gestohlen und nach einem Mord verbrannt, um die Spuren zu beseitigen)
- Ausführen von Mordaufträgen der *famiglia*
- Erledigung der Aufgaben von anderen Verbündeten des Vaters
- Funktion des Stellvertreters, wenn der Vater in Haft ist und Ausführung seiner Anweisungen: Waffenlieferung, Buchhaltung, Pflegen der wichtigen Kontakte

In vielen Fällen ist ein Sohn nicht in die Mafiageschäfte verwickelt. Dieser bleibt bewußt außen vor, um als Helfer und Botschafter gegenüber den Behörden, der Polizei und der Justiz zu fungieren (vgl. Kliez 1998: S. 94ff).

Aber neben der aktiven Einbindung der Kinder und Jugendlichen in die ökonomischen Tätigkeiten der Cosa Nostra werden diese unschuldigen Kinder immer wieder durch Entführungen und Erpressungen als Druckmittel zur Erreichung bestimmter Ziele der Mafia eingesetzt. Nicht selten verlieren sie dabei ihr junges Leben. Folgende Zahlen und Fakten sollen auf das traurige Schicksal der vielen Kinder, die von den Händen herzloser „Ehrenmänner" getötet wurden, aufmerksam machen, wobei die sizilianische Mafia am kleinen Giuseppe Di Matteo das mit Abstand grausamste und skrupelloseste Verbrechen verübt hat.

Giuseppe Di Matteo:

Der 13jährige Giuseppe Di Matteo, Sohn von Santino Di Matteo, wurde am 23.11.1993 von drei Männern aus seinem Reitstall in Villabate unter dem Vorwand, sie würden ihn zu seinem Vater bringen, entführt. Santino Di Matteo gehörte einst dem Clan von Giovanni Brusca an und brachte mit ihm zusammen die Bombe, die den Richter Falcone tötete, zur Explosion. Kurze Zeit später stieg Di Matteo aus der Mafia aus und arbeitete mit der Polizei zusammen. Die Mutter trennte sich vom Vater und zog mit den beiden Söhnen an einen anderen Ort. Die Entführer ketteten den Jungen in einem dunklen Raum mit Händen und Füßen an die Wand und quälten ihn. Sie schickten dem Großvater, der sein Enkelkind über alles liebte, die Nachricht Santino Di Matteo solle aufhören zu reden. Die Mutter entschuldigte ihren Sohn in der Schule und weigerte sich mit der Polizei zusammenzuarbeiten. Eine zweite Nachricht erreichte den Großvater. „Stopf ihm den Mund!" stand auf einem Zettel und die Entführer legten zwei Fotos vom kleinen Giuseppe bei, auf denen er eine Zeitung vom 29.11.1993 in der Hand hielt. Der Großvater wollte, daß sein Sohn die Aussagen bei der Polizei zurückzieht, um den Jungen zu retten. Die dritte Nachricht war ein Videoband, auf dem Giovanni seinen Vater inständig bat, um seine Freilassung zu kämpfen. Nach zwei Jahren schrieb Giuseppe einen Abschiedsbrief und Brusca ließ ihn erwürgen. Anschließend lösten sie den kleinen Leichnam in Säure auf.

Somit war die Regel der Cosa Nostra verletzt, Kindern nichts anzutun. Dieser Mord löste einen Sturm der Entrüstung gegen die „ehrenwerte Gesellschaft" aus (vgl. Longrigg 2000: S. 147ff). Dieses Beispiel ist leider kein Einzelfall. Zwar behauptet die Cosa Nostra, die Tötung von Kindern seien „bedauerliche, unglückliche Zufälle", aber folgende Beispiele belegen das Gegenteil:

- Schon beim Überfall auf Portella della Ginestra am 01. Mai 1947 fielen zahlreiche Frauen und Kinder der Mafia zum Opfer.
- Der zwölfjährige Schafhirte Giuseppe Letizia mußte sterben, weil er unfreiwilliger Zeuge bei der Ermordung des Gewerkschaftsführers Placido Rizzotto im März 1948 war.

- Das dreizehnjährige Mädchen Giuseppina Savoca mußte im September 1959 im Verlaufe einer Schießerei ihr Leben lassen.
- Am 18. Januar 1961 wurde Paolino Riccobono aus Blutrache an seiner Familie ermordet. Er war erst dreizehn Jahre alt.
- In Trapani wurde am 02. April 1985 ein Attentat auf den Richter Carlo Palermo verübt. Dabei starben eine Frau, Barbara Rizzo Asta, und deren sechsjährige Zwillinge Giuseppe und Salvatore Asta.
- Aus bislang unbekanntem Motiv wurde im Februar 1990 in Sciara der elfjährige Angelo Rizzo mit zehn Messerstichen getötet.
- Giuseppe Ajello mußte mit zwölf Jahren sterben, weil er die Ermordung eines älteren Freundes mit ansah.

Diese traurige Chronik ist bei weitem nicht vollständig, denn dank der *ómerta* gelangt eine Vielzahl dieser grausamen Taten erst gar nicht an die Öffentlichkeit (vgl. Bonavita 1993: S. 117ff).

Der folgende Teil soll sich mit der Sozialisation der Mädchen zu *mafiose* beschäftigen. Doch zunächst werden kurz ihre Aufgaben vorgestellt. Die Aufgaben der Mädchen beschränken sich zunächst auf die Erfüllung ihres Berufes – sofern sie eine Arbeit ausführen dürfen – und die Unterstützung der Mutter im Haushalt. Die Tochter dient oftmals als Bindeglied zwischen zwei Mafiafamilien. Durch die Hochzeit wird die bestehende Familie vergrößert oder zumindest gestärkt. Eheschließungen sind für die Struktur der Mafia strategisch so bedeutsam, daß die Richter in vielen Fällen durch ein Zurückverfolgen von Hochzeiten wichtige Erkenntnisse über die Veränderungen innerhalb des organisierten Verbrechens gewinnen können (vgl. Siebert 1997: S. 42). In den meisten Fällen wird der Ehemann von den Eltern der Brautleute bestimmt. Ist die Tochter jedoch nicht mit der Wahl ihrer Eltern einverstanden kann sie eine Heirat durch die *fuitina* [43] erzwingen. Dazu verbringt sie mit ihrem Auserwählten

---

[43] Italienisch: Flucht; „Bei Liebesbeziehungen, die ohne Absprache oder Zustimmung der Eltern zustande gekommen waren, blieb den jungen Liebenden nur die Möglichkeit, durch eine inszenierte ‚Ehtehrung' der Frau die Ehe zu erzwingen. Die Liebenden ‚flohen' miteinander. Nach dieser ‚Ehrverletzung', die durch

mindestens eine Nacht außer Haus und verliert somit ihre Ehre. Diese kann sie nur durch die Heirat wieder gewinnen. Das Mädchen darf jedoch kein reines weißes Brautkleid tragen, die Feierlichkeiten und Geschenke sind eingeschränkt und die Mitgift fällt auch geringer als üblich aus[44].

Mund-zu-Mund-Propaganda publik gemacht wurde, konnten die Eltern die Hochzeit nun nicht mehr verweigern. Allerdings immer wieder auch eine Praxis, die mit der stillschweigenden Zustimmung aller erfolgt, um die hohen Kosten eines Hochzeitsfestes zu sparen." (Siebert 1997: S. 376)

[44] Aus einem Gespräch mit Michela Buscemi im Oktober 2001 in Balestrate.

Die gesellschaftliche Funktion von Ehre und Schande

In Zusammenhang mit der sizilianischen Mafia taucht immer wieder der Begriff „Ehre" auf. Aber ist die Betonung der Ehre im heutigen konsumorientierten und materiellen Sizilien überhaupt noch zeitgemäß? Wann spricht man von Ehre? Und was hat Ehre mit der Mafia zu tun?

Vorweg: Was ist Ehre überhaupt?

Pitt-Rivers (vgl. Pitt-Rivers 1968, S. 504) sagt, daß Ehre als ein Gefühl oder, präziser ausgedrückt, als ein spezifischer Bewußtseinszustand aufgefaßt werden kann. Es handelt sich dabei um die Überzeugung, daß man sich nichts vorzuwerfen hat und demzufolge den Anspruch, ja sogar das Recht besitzt, stolz zu sein. Betrachtet man die Ehre als gesellschaftlich determiniertes Phänomen lautet die Formel nach Pitt-Rivers:

„Honor felt becomes honor claimed and honor claimed becomes honor paid." (Pitt-Rivers 1968: S. 503)

Arlacchi (vgl. Arlacchi 1989: S. 31ff) hingegen spricht im Zusammenhang mit Ehre zunächst von zwei grundlegenden idealen Eigenschaften des Mannes und der Frau. Ein Mann zeichnet sich durch Mannhaftigkeit (oder *dirittezza*[45]) aus. Eine Frau hingegen durch Jungfräulichkeit und sexuelle Scham.

Alle Mitglieder einer lokalen Gemeinschaft (außer Personen der untersten sozialen Schicht) besitzen von Natur aus einen gewissen Grad an Ehrbarkeit. Er ist ihnen angeboren. Diese Ehrbarkeit kann aber in der *societá mafiogena*[46] leicht verloren gehen. Daher ist die lebenslange Aufgabe jedes Individuums (aber vor allem die Aufgabe des Mannes) die Verteidigung bzw. Wiederherstellung seiner Ehre. Wer in einem mafiosen Gebiet ein „Mann" sein will, muß seinen Hochmut und seine Selbst-

---

[45] Mit *dirittezza* ist die Eigenschaft gemeint, im Recht zu bleiben bzw. niemandem unterworfen zu sein

[46] Italienisch: mafiose Gesellschaft

sicherheit erkennen lassen. Er muß schnell und ebenso wirksam auf die Bedrohungen der eigenen Ehre und der Ehre der gesamten Familie reagieren, die auf dem „Kampfplatz des sozialen Lebens" entstehen.

„Mannhaftigkeit und Jungfräulichkeit-Schamhaftigkeit sind an einen widersprüchlichen Unterschied der Geschlechter gebunden, der weite Teile der mafiosen Kultur beherrscht." (Arlacchi 1989: S. 32) Mannhaftigkeit und Jungfräulichkeit zusammen mit sexueller Scham lassen sich in Bezug auf die Ehre der eigenen Familie gut miteinander vereinbaren. Die Männer schützen durch ihre Mannhaftigkeit die Ehre der eigenen Frauen vor äußeren Bedrohungen und Beleidigungen. Um den Männern ihre Mannhaftigkeit zu gewährleisten, müssen sich die Frauen „unberührt" und schamhaft halten – zumindest nach außen hin, denn die Öffentlichkeit[47] entscheidet über „gut" oder „schlecht". Das macht die Ehre des Mannes aus. Frauen sind das kostbarste Gut des Mannes und werden deshalb von ihnen so gehütet wie der eigene Augapfel (vgl. Arlacchi 1989: S. 31f).

Frauen hingegen, die ohne Mann leben, haben es in der mafiosen Gesellschaft dagegen schwer, eine geachtete und sozial angesehene Stellung zu erlangen. Denn ihre Ehre kann kein Mann verteidigen. Die meisten dieser Frauen leben in der untersten sozialen Schicht und übertragen ihre eigene Schande auf ihre Nachkommen. Die weibliche Ehre demonstriert die Unversehrtheit der Familienehre. Wird diese zum Beispiel durch ein Verhältnis der Ehefrau zerstört, bedeutet das die Überlegenheit des Schänders. Dieser hat in dem Moment eine Übermacht und eine mögliche schwache Stelle des Feindes ausgenutzt. Unvermeidliche Folge: Blutrache, *vendetta*! Diese besteht zuerst in der Tötung der unehrhaften Frau, dann in der Tötung des Schänders oder Liebhabers. Wird die Blutrache nicht durchgeführt, verliert der Mann seine Ehre, was einen Ausschluß aus der örtlichen Gemeinschaft bedeutet. Zwischen 1940 und

---

[47] Die meisten Entscheidungen über Ehre oder Scham werden in ländlichen Gebieten auf der *piazza* entschieden, in der Stadt eher auf dem *corso* (Italienisch: Hauptstraße).

1950 haben über 60% der in der Ebene von Gioia Tauro verübten Morde mafiosen Charakters ihren Ursprung in Konflikten gehabt, die von sexuellen Gewalttaten, Entführung von Frauen und Entlobung verursacht worden sind. Eine Entlobung wird von implizit bekundeten Empfehlungen herbeigeführt, daß ein Mädchen es nicht verdient, geheiratet zu werden (vgl. Arlacchi 1989: S. 32ff).

Der Begriff „Ehre" taucht heute meistens dann auf, wenn er durch Verleumdung, Beschimpfung oder Schande beschmutzt wird. Die Mafia regelt Auseinandersetzungen dann gewaltsam, wenn die Ehre verletzt wird. Eine verlorene Ehre muß wieder hergestellt werden. Nicht zuletzt deswegen nennen sich die *mafiosi* Ehrenmänner, *uomini d'onore*. Von einer ehrbaren Familie spricht man, wenn diese die sittlichen Gebote aufs strengste erfüllt. Familie und Ehre bilden eine Einheit, wobei unterschiedliche Erwartungen an den Mann und an die Frau gestellt werden. Durch die Hochzeit wird die Aufgabe, die weibliche Ehre zu bewahren, vom Vater auf den Ehemann übertragen. Dieser kann die Ehre seiner Frau am besten durch die Beschränkung ihrer Aktivitäten auf die Bereiche Haushalt und Erziehung kontrollieren. Denn die Keuschheit und Reinheit einer Frau ist außerhalb des eigenen Hauses stets gefährdet. Der Volksmund sagt „*La donna e la gaddina si perdi si troppu camina*", was auf deutsch „Die Frau und die Henne gehen verloren, wenn sie zuviel herumlaufen" bedeutet (Bonavita 1993: S. 88). Die weibliche Ehre zeichnet sich also durch Virginität der unverheirateten Mädchen und sexueller Treue gegenüber dem Ehemann aus. Eine Frau verkörpert für den sizilianischen Mann zwei Wesen: zum einen die keusche Jungfrau Maria und zum anderen die verführbare Eva. Dadurch läßt sich auch das Phänomen erklären, daß ein Sizilianer einerseits seine Ehefrau, *la mamma dei miei figli*[48], abgöttisch liebt (die keusche Jungfrau Maria), aber andererseits seine Männlichkeit stets durch die Eroberung anderer Frauen unter Beweis stellt (die verführbare Eva), er aber keine ernsthafte

---

[48] Italienisch: die Mutter meiner Kinder; somit nimmt die Frau für den Mann einen völlig anderen Stellenwert ein, denn sie ist nun nicht mehr „nur" Ehefrau, sondern die Mutter seiner Kinder und dadurch heilig.

Beziehung eingeht[49]. Eine Frau egal welchen Alters unterliegt hier weitaus strengeren Regeln und darf unter keinen Umständen mit einem anderen Mann als ihrem eigenen zusammentreffen, vor allem nicht mit einem Ledigen. Verstößt eine Frau gegen dieses sittliche Gesetz, kann die Familienehre nur durch Blut wiederhergestellt werden (meistens durch den Vater oder den Bruder; in seltenen Fällen aber auch durch die Mutter). Bis zum Jahre 1981 berücksichtigte das italienische Strafgesetz diese kulturelle Besonderheit, das Verteidigen der Familienehre, indem es das Strafmaß solcher Verbrechen auf drei bis sieben Jahre festlegte.

Mit anderen Worten: Eine entehrte Frau reißt die gesamte Familie in den Abgrund wohingegen ein Mann ohne Ehre sich durchaus ein neues Leben an einem anderen Ort aufbauen kann.

Aus diesen volkstümlichen Werten „Ehre", „Familie" und „Verteidigen der Ehre" bildeten sich die *uomini d'onore* ihre eigenen mafiosen Werte und wandelten sie zweckentsprechend ab. An die Stelle der Verteidigung der Ehre trat das bewußte Verletzen von Regeln und Normen. Ehre wurde durch Formen der Macht ersetzt, mit denen der *mafioso* von seinen Kontrahenten absolute Unterwerfung verlangen konnte. Ein Ehrenmann gelangt zu Ansehen, wenn er in der Gesellschaft Angst und Schrecken verbreitet. Um sich schon vor dem Eintritt in die Cosa Nostra Respekt zu verschaffen ist das Töten eines Menschen oder eines Tieres unumgänglich. Eine Mafiafamilie unterliegt weitaus strengeren moralischen Regeln als jede andere gutbürgerliche sizilianische Familie.

Die Scheidungsquote in Sizilien und somit auch in Mafiafamilien liegt unter 1%, da eine Scheidung den Verlust der Ehre beider Ehepartner bedeutet. Eine Frau reicht in der Regel schon aus finanziellen Gesichtspunkten keine Scheidung ein, denn der Lebensstandard einer *donna mafia* ist hoch. Man könnte ihr Leben durchaus als Luxusleben (Reich-

---

[49] Trotzdem geht aus Erzählungen von *pentiti* hervor, daß viele Ehrenmänner oft Verhältnisse und Lebesbeziehungen außerhalb der Mafia haben, die stabilen und sentimentalen Charakter haben. Das Entdecken einer neuen Liebe soll sogar schon einige *mafiosi* zum Ausstieg und zur Zusammenarbeit mit der Justiz bewegt haben.

tum, Pelze, Schmuck) bezeichnen. Stellt sich aber heraus, daß die Ehefrau eines *mafioso* ihren Gatten betrügt, verliert dieser seine Ehre und wird als *cornuto*[50] bezeichnet. Das ist die schlimmste Beleidigung – oft in Verbindung mit dem entsprechenden Handzeichen[51] – für einen Sizilianer. Der Betrogene kann seine Ehre nur wieder erlangen, indem er zuerst den Rivalen bzw. Liebhaber und danach die Ehebrecherin umbringt (vgl. Bonavita 1993: S. 87ff).

---

[50] Italienisch: Gehörnter

[51] Alle Finger einer Hand bilden eine Faust; der Zeigefinger und der kleine Finger werden ausgestreckt.

Die Erziehung innerhalb der „ehrenwerten Gesellschaft"

Die Mafia verewigt sich dank ihrer Erziehung selbst (vgl. Cavadi, o.J.). In diesem Kapitel geht es um die Klärung der Erziehungsziele im subkulturellen Milieu, mit denen sie ihre Werte von einer Generation zur nächsten weitergeben kann.

Dabei ist es nötig, zwischen der Erziehung des Sohnes zum *mafioso* und der Erziehung der Tochter zur duldenden, „schweigsamen Frau" zu unterscheiden. Sowohl über dem Leben der Tochter als auch des Sohnes liegt stets der drohende Schatten des Vaters und dieses Vatergesetz wird durch die Mutter weitergegeben. Über die Rolle der mafiosen Eltern bei der Erziehung ihrer Kinder sagen Casarrubea und Blandano (vgl. Casarrubbea & Blandano 1991: S. 132): auch in ihrer häuslichen Rolle erfüllt die Mutter eine vorrangige Funktion, denn sie trägt, wenn auch oft nicht explizit, das vom Vater vermittelte Vorbild entscheidend mit. Die Mutter ist Autorität. Wer für das Kind Autorität hat, ist jedoch der Vater.

Warum ist es überhaupt notwendig, über Mafiaerziehung zu sprechen?

Die sizilianische Mafia existiert bereits seit über 150 Jahren. Und es gibt sie nicht nur aufgrund ihrer in dieser Zeit geschickt ausgearbeiteten und praktizierten organisatorischen, politischen und finanziellen Strategien, sondern auch aufgrund ihrer besonderen Art der Erziehung ihrer Nachkommen (vgl. Cavadi, o.J.). „Unsere Mütter haben uns zwei Dinge gegeben: Die Milch und die Mafia. Sie ist für uns nicht nur eine Macht, sondern seit Generationen eine Art zu denken, zu fühlen und sich entsprechend zu verhalten." sagte eine italienische Journalistin über die Mafia (Dexel 1997). Ein sizilianisches Kind kommt nachweislich nicht mit einem „Mafia-Gen", zur Welt, sondern ein Kind wird – nicht zuletzt durch die Erziehung innerhalb der „ehrenwerten Gesellschaft" – zu einem *mafioso* oder zu einer *mafiosa* gemacht. Die Erziehung und das soziale Gefüge, in dem sich die Kinder befinden, unterscheidet sizilianische Kinder von Mafiakindern. Mafiaerziehung bezieht sich nicht nur auf den Educanden, sondern sie beherrscht auch das gesamte Territorium, denn ein Mafiakind ist nicht nur ein Zögling, sondern auch ein Bürger des Territoriums. Besonders für die Arbeit der Antimafiaaktivisten ist es unabdingbar, die Erziehungsmethoden der Cosa Nostra zu kennen, um diesen effektive pädagogische Maßnahmen entgegensetzen zu können (vgl. Cavadi, o.J.).

Subkulturelles Milieu
und die Ausbildung mafioser Werte

Innerhalb der „ehrenwerten Gesellschaft" herrschen – wie bereits mehrfach erwähnt – spezifische subkulturelle Wertvorstellungen vor. Diese weichen in mancher Hinsicht (zum Beispiel Gewaltbereitschaft zur Durchsetzung der Handlungsziele) von denen der Gesellschaft ab. Die Kinder und Jugendlichen, die im mafiosen Milieu aufwachsen, internalisieren im Verlaufe des Sozialisationsprozesses genau diese subkulturellen Werte und Normen. Wie diese Prozesse genau ablaufen, wurde in der einschlägigen Literatur in vielfältiger Weise dargelegt (vgl. Miller 1979; Sutherland 1979; Sykes & Matza 1979; Cohen & Short 1979), wenn auch nicht bezogen auf die Mafia. Die zentralen Forschungsergebnisse zu dieser Thematik werden hier kurz referiert, da sie sich auch auf das Thema der vorliegenden Arbeit anwenden lassen.

Nach Miller existiert innerhalb der Unterschicht eine „delinquente Subkultur" (Miller 1979: S. 340), entstanden aus Konflikten mit der in der Gesellschaft vorherrschenden Kultur der Mittelschicht und gerichtet auf die Verletzung deren Verhaltensstandards. Die abweichende Unterschichtskultur manifestiert sich in verschiedenen Kristallisationspunkten, wie etwa Härte, die sich durch physische Tapferkeit, Maskulinität, Furchtlosigkeit und Mut auszeichnet; weiter geistige Wendigkeit, ausgedrückt in der Fähigkeit andere hereinzulegen; Erregung, das bedeutet, die Suche nach Spannung, Risiko und Gefahr etc.. Die Kristallisationspunkte der Mittelschicht hingegen sehen ganz anders aus. Das Miller'sche Schema läßt sich insofern auch auf die Mafia anwenden, als dort ähnliche Kristallisationspunkte wie bei der delinquenten Unterschicht festgestellt werden können. Gemäß Miller versuchen nun Jugendliche, die im kulturellen Milieu der Unterschicht aufgewachsen sind, den eben beschriebenen, dort hoch bewerteten Verhaltensstandards zu entsprechen. Um ihre Ziele zu erreichen, greifen sie zu Verhaltensweisen, die ihr Milieu befürwortet, womit sie aber zwangsläufig gegen die Mittelschichtskultur verstoßen.

Sykes und Matza (vgl. Sykes & Matza 1979) gehen insofern nicht konform mit Miller, da sie die Existenz einer delinquenten Unterschichtskultur bezweifeln. Sie verweisen auf Sutherland, der in vielen Studien nachgewiesen hat, daß sowohl delinquentes als auch nicht delinquentes Verhalten erlernt wird. Gelernt werden dabei im Prozeß der kommunikativen Interaktion sowohl die Techniken zur Ausführung von Verbrechen als auch die Attitüden und Einstellungen, die kriminelles Verhalten seitens des Individuums möglich machen, also letztendlich die Ausbildung einer spezifischen Moral (vgl. Sykes & Matza 1979: S. 395ff). Gemäß dieser Autoren haben der delinquente und der nicht delinquente Teil der Gesellschaft vieles gemein, von einer spezifischen delinquenten Unterschichtskultur sei deshalb nicht zu sprechen. Entscheidend seien die differentiellen Kontakte und Gelegenheiten, delinquentes Verhalten zu erlernen. Delinquente haben deshalb manchmal durchaus ein „schlechtes Gewissen", wenn sie erwischt werden, was sie nach Miller eigentlich nicht haben dürften. Das schlechte Gewissen, Schamgefühle etc. haben sie deshalb, weil sie bestimmte moralische Standards der Gesamtgesellschaft – etwa „Du sollst nicht töten, stehlen" – durchaus teilen. Sie müssen, um überhaupt in der Lage zu sein, Verbrechen ausführen zu können, so Sykes und Matza, besondere Neutralisierungstechniken herausbilden, die es ihnen erlauben, sich kriminell zu verhalten. Kriminelles Verhalten haben sie deshalb, weil sie bestimmten moralischen Standards der Gesamtgesellschaftskultur nicht entsprechen. Entscheidend seien die differentiellen Aspekte, daß weder Kinder noch Frauen geschädigt werden dürfen, wenn auch unter Umständen Ausnahmen von dieser Regel gemacht werden können. Eine andere Regel, beschrieben bei Sykes und Matza und feststellbar auch bei der Mafia, lautet: „Bestehle keine Freunde und Verwandten" (vgl. Sykes & Matza 1979), während andere Personen durchaus beraubt werden können. Der mafiose Ehrenkodex enthält im Prinzip einen nicht unerheblichen Teil der Neutralisierungstechniken der Mafia, die deren Mitgliedern verbrecherisches Verhalten erlaubt, ohne sich dabei subjektiv schlecht bzw. als Verbrecher zu fühlen. Alle diese Techniken erlernen die im mafiosen Milieu aufwachsenden Kinder und Jugendlichen ganz automatisch, was sie für eine entsprechende „Karriere" prädestiniert. Die eben beschriebenen Prozesse des Erwerbs delinquenter Werte gelten sowohl für Jungen als auch für Mädchen, die im mafiosen Milieu aufwachsen. Ihnen kommen aber in der Subkultur jeweils andere Rollen zu (siehe oben), die ebenfalls im Verlaufe des Sozialisationsprozesses erlernt werden.

Die Erziehungsziele der Cosa Nostra

An dieser Stelle sollen die oben schon kurz angesprochenen Erziehungsziele der sizilianischen Mafia nach Cavadi (vgl. Cavadi, o.J.) nochmals ausführlicher erklärt werden.

Als Basis für die Mafiaerziehung ist zunächst der amoralische Familismus zu nennen, das heißt das unbedingte und zugleich auch blinde Vertrauen, das innerhalb der blutsverwandten Familie vorherrscht. Den Kindern der *mafiosi* wird schon früh von ihren Eltern beigebracht, mißtrauisch gegenüber jeder Person außerhalb der Familie zu sein. Eng damit verbunden ist das Einhalten der *òmerta*. Es ist für die Kinder lebensnotwendig, in der mafiosen Gesellschaft das Gesetz des Schweigens zu respektieren und einzuhalten. Für die Eltern ist die Erziehung zur *òmerta* ein wichtiges Ziel, um das Fortbestehen der „ehrenwerten Gesellschaft" zu sichern. Die Erziehung wird weiterhin vom männlichen Chauvinismus bzw. Machismus geprägt, der vom Vater (aber auch allen anderen männlichen Familienmitgliedern) ausgeht. Jeder Junge will genauso werden wie sein Vater oder sein großer Bruder. Er lernt, sich daran ein Beispiel zu nehmen, denn der Sohn soll ja einmal die Nachfolge des Vaters antreten. Der Tochter dagegen wird Unterwürfigkeit und Achtung vor ihrem späteren Ehemann beigebracht.

Des weiteren sollen die Kinder – besonders die Jungen – lernen, die eigene Ehre und die Ehre der gesamten Familie zu bewahren und nach außen hin zu verteidigen. Da für die Jungen mafioser Eltern die „Karriere" innerhalb der eigenen Mafiafamilie vorgesehen ist und die Mädchen zum Verheiraten geboren sind, halten die meisten mafiosen Eltern eine Schulbildung für unwichtig. Denn die sekundäre Sozialisation (Kindergarten, Schule, Ausbildung) könnte das Fortbestehen der mafiosen Werte gefährden. Bildung – bzw. Wissen allgemein – ist Gift für die Mafia. Außerdem läßt sich der Verzicht auf Schule und somit auch auf eine Ausbildung durch die Abwertung der Arbeit generell in Italien und ganz speziell in Süditalien, erklären. Somit können und sollen diese Kinder auch nicht lernen, bei Konflikten klärende Diskussionen zu führen, sondern Gewalt. Gewalt dient als Sprache, die sich sowohl in angedrohter als auch in ausgeführter Form schon zwischen den ganz Kleinen beobachten läßt. Gewaltbereitschaft ist durchaus ein Erziehungsziel der Mafia, denn ohne Gewalt würde es auch die *vendetta* nicht geben. Die Blutrache wird in den meisten Fällen von den Söhnen bzw. den Brüdern ausgeführt und somit werden die Interessen der ehrhaften Verstorbenen in Ehren gehalten.

Mafiakinder genießen durchaus eine „religiöse" Erziehung, denn die heilige Maria ist die selbsternannte Schutzpatronin der Cosa Nostra. Den Kindern wird ein „falscher Heiligenkult" beigebracht, der durchzogen ist von Doppelmoral. Zum „falschen Heiligenkult" zählt auch der Initiationsritus, das Aufnahmeritual zur Cosa Nostra, bei dem auf ein Mutter-Gottes-Bild das Blut des potentiellen *picciotto* geträufelt wird. Danach wird das Heiligenbild verbrannt und der Jüngling schwört, er möge bei einem Austritt aus der „ehrenwerten Gesellschaft" ebenso verbrennen wie dieses Bild.

Daneben werden die Kinder dahingehend erzogen, den Gewinn an Macht und Geld als absoluten Wert anzusehen, was nicht selten mit der Ausbeutung der sozial schwachen Schicht zusammenhängt. Denn die jungen Männer sollen beispielsweise später einmal fähig sein, den *pizzo* von den Geschäftsleuten einzufordern. Den Kindern ist klar, daß sie in einer Welt der beschränkten Ressourcen leben und das bedeutet für sie, daß sie sich ihr Überleben – auch auf kriminelle Art – sichern müssen. Alle anderen Menschen außerhalb ihrer eigenen Familie stellen eine Konkurrenz dar. Daneben ist Gehorsam (dogmatische Mentalität) eines der wichtigsten Erziehungsziele der Cosa Nostra. Widersetzen sich die Kinder den Anordnungen der Eltern, lehnen sie somit automatisch die Werte der „ehrenwerten Gesellschaft" ab, in der sie leben. Das hat gravierende Folgen für diese Kinder, was schon verschiedene Beispiele aus der Vergangenheit belegen (beispielsweise die Geschichte des Mädchens Rita Atria aus Partanna oder die Geschichte von Giuseppe Impastato aus Cinisi).

Die jungen *mafiosi* und *mafiose* werden auch dahingehend erzogen, den italienischen Staat mitsamt seinen Vertretern abzulehnen, was wohl aus der Überlagerungsgeschichte Siziliens herrührt. Da das Land in der meisten Zeit ihrer Geschichte von Fremdherrschern bestimmt war, konnte kein Vertrauen zum Staat aufgebaut werden, sondern die Menschen fanden Halt innerhalb der eigenen Familie und sie schufen sich ihre eigenen Gesetze.

Zusammenfassend läßt sich sagen: Die sizilianische Mafia will ihren Nachwuchs zu anerkannten Mitgliedern der „ehrenwerten Gesellschaft" erziehen. Und das kann in ihren Augen nur durch eine Erziehung geschehen, welche die oben genannten Elemente beinhaltet.

Geschlechtsspezifische Erziehung

„*Li figghi fimmini cu lu feli, li figghi masculi cu lu meli.*
Die Töchter sind wie Galle, die Söhne wie Honig."
(Bonavita 1993: S. 88).

Schon dieses sizilianische Sprichwort verdeutlicht den Unterschied zwischen dem Grad der Erwünschtheit eines Sohnes und einer Tochter. Und weil den Söhnen und Töchtern von *mafiosi* jeweils andere Aufgaben innerhalb der Cosa Nostra zukommen, bietet es sich an, nochmals genauer auf die geschlechtsspezifische Erziehung einzugehen. Das Ziel eines *mafioso* ist es, möglichst viele männliche Nachkommen zu erzeugen, die ihn aktiv bei seinen ökonomischen Tätigkeiten für sich und die „ehrenwerte Firma", unterstützen. Und um die Erbfolge zu gewährleisten, ist der Erstgeborene dazu bestimmt, nach dem Tod des Vaters dessen Nachfolge anzutreten. Dadurch wird der Fortbestand der Mafiafamilie gesichert. Den Mafiatöchtern werden in der Regel keine Aufgaben übertragen, die direkt in Zusammenhang mit der Cosa Nostra stehen. Sie werden – genauso wie die Mutter – formell über die Geheimnisse der „ehrenwerten Gesellschaft" in Unwissenheit gelassen, weil sie aufgrund ihres Geschlechts als geschwätzig und unzuverlässig gelten. Schon früh werden die Töchter auf die spätere Rolle als Ehefrau eines *mafioso* vorbereitet, denn obwohl die Mädchen zunächst unerwünscht sind, tragen sie durch die Hochzeit dazu bei, die bereits bestehende Mafiafamilie zu vergrößern und ihre Macht zu festigen. Nicht selten wird die Hochzeit zwischen jungen Leuten aus zwei Mafiafamilien, die nur auf den gegenseitigen Nutzen ausgelegt ist, als „Ehe unter Vätern" (Siebert 1997: S. 63) bezeichnet.

Der ganze Stolz eines Mafiavaters ist sein Sohn. Da im *ambiente mafioso* die tragenden Bindungen zwischen Männern (vor allem zwischen Vater und Söhnen und zwischen Brüdern) sind, liegt eine besondere Wichtigkeit in der Erziehung des Sohnes. Denn die Vater-Sohn-Beziehung scheint der beste Nährboden für die unablässige Reproduktion des Mafiamythos zu sein. Dieser Mythos von ihrer Allmächtigkeit, ihrer markanten Virilität und ihrer Unbesiegbarkeit ist für die „ehrenwerte Gesellschaft" genauso wichtig wie Waffen und sämtliche andere materielle Aspekte. Deshalb werden die Jungen in ihrer Erziehung auch schon als kleines Kind sehr respektvoll vom Vater behandelt (vgl. Siebert 1997: S. 59ff).

Die Töchter entgehen zwar formell der Einweisung in das Gesetz des Vaters. Weil aber der Vater durch eine ehrbare Tochter an Ansehen gewinnt und er durch eine strategisch geschickte Verheiratung seiner Tochter die bereits bestehende Familie und somit also seine Macht festigen bzw. vergrößern kann, ist auch die Erziehung der Tochter von großer Bedeutung (vgl. Siebert 1997: S. 61). Vor allem werden Ehen zwischen unterschiedlichen Mafiafamilien geschlossen, aber durch eine Hochzeit der eigenen Nachkommen mit den Nachkommen angesehener sozialer Gruppen ist es auch für eine Mafiafamilie möglich, in die Legalität zurückzukehren (vgl. Arlacchi 1989: S. 142).

Antimafia difficile [52]:
Der Kampf gegen die Cosa Nostra

Dieses Kapitel widmet sich der Antimafia, das heißt dem überaus schwierigen Kampf gegen die „ehrenwerte Gesellschaft". Dabei wird zunächst der Begriff „Antimafia" definiert, dann auf die Entstehung und den Verlauf der Antimafiabewegung in Sizilien eingegangen und schließlich werden die wichtigsten Trägergruppen der Bewegung kurz beschrieben. Auch herausragende Persönlichkeiten und bedeutende Antimafiaaktivisten sowie deren Erfolge und Niederlagen im Kampf gegen die Cosa Nostra sollen exemplarisch vorgestellt werden.

Definition des Begriffes „Antimafia"

Unter „Antimafia" versteht man zunächst die Gegenbewegung zur sizilianischen Mafia. Das erklärte Ziel der Antimafia ist die Beseitigung der Cosa Nostra auf verschiedene Arten, denn Antimafiaarbeit setzt in unterschiedlichen Bereichen, wie Politik, Rechtswesen, Wirtschaft, Gesellschaft oder Erziehung an. Die Antimafiabewegung setzt sich aus vielen Personen zusammen, die in verschiedenen Organisationen tätig sind. So etwa in Stadtteilsozialzentren, Dokumentations- und Kulturzentren, einer Frauenvereinigung, politischen Basisgruppen, Komitees von Freunden und Familienangehörigen der Mafiaopfer, Unternehmerorganisationen und – in Palermo – zwei Dachverbänden zusammen. Darüber hinaus müssen auch einige Staatsanwälte und Richter zur Bewegung gerechnet werden, da es lange Zeit vollkommen unüblich war, im Justiz- bzw. Polizeiapparat ernsthaft gegen die Mafia vorzugehen. Das Bild ist sehr vielfältig, weshalb sich die Beschreibung auf die wichtigsten Gruppen beschränken muß.

---

[52] Italienisch: schwierige Antimafia (-arbeit)

Antimafiaerziehung bedeutet in diesem Kontext die Erziehung eines jungen Menschen zu einem verantwortungsvollen Erwachsenen, der fähig und auch dazu bereit ist, sich der mafiosen Mentalität zu widersetzen.

Die Entstehung und der Verlauf der Antimafiabewegung in Sizilien

Die Antimafiabewegung konzentriert sich auf Siziliens einwohnerstärkste Stadt Palermo, weil sich hier traditionell sowohl das Zentrum der Mafia als auch das ihrer Gegner befindet. Beschrieben wird im folgenden Abschnitt die Entstehung sowie ein kurzer geschichtlicher Abriß der Antimafiabewegung, wobei auch wichtige Personen und Projekte angesprochen werden.

Doch vorab ein paar Worte zur Entstehung der Antimafiabewegung: Die Pioniere der Antimafiabewegung waren im Jahre 1890 tausende von Landarbeitern, Kleinpächtern, Fabrikarbeitern, Handwerkern und Schwefelminenarbeitern, die sich zu den sogenannten *fasci siciliani*[53] zusammenschlossen. Diese Bauernbewegung schloß Mafiamitglieder aus und kämpfte durch Land- und Rathausbesetzungen, Streiks oder Kundgebungen gegen Steuererhöhungen und für die Verbesserung der Lebensbedingungen der armen Bevölkerung. Dieser Aufstand dauerte vier Jahre und wurde danach von Staatsseite gewaltsam aufgelöst.

Erst 1944 entstand erneut eine gegen die Mafia gerichtete Bauernbewegung. Mitglieder waren vor allem Bauern, Landarbeiter und politisch links orientierte Anführer. Ziel war die Errichtung öffentlicher Getreidespeicher. Den Höhepunkt erreichte die Bauernbewegung am 01. Mai 1947 durch den Wahlsieg des linksgerichteten Volksblockes *Blocco del Popolo*[54]. Die Feier des Wahlsiegs fand auf einer Wiese nahe bei *Portella*

---

[53] Italienisch: sizilianische, berufsständisch gegliederte Gruppen

[54] Die Volksfront *Blocco del Popolo* bestand aus der sozialistischen Partei Psi, der kommunistischen Partei Pci und der *Partito d'Azione*, die aus der Partisans-Bewegung stammte.

della Ginestra statt. Aus dem Hinterhalt wurde auf Befehl des Banditen Salvatore Giuliano und im Auftrag von Mafia und Großgrundbesitzern auf die feiernde Menge geschossen. Dabei kamen zwölf Menschen, darunter auch Frauen und Kinder, zu Tode und etwa 30 Personen wurden verletzt. Hiermit wurden alle Hoffnungen der Bauernbewegung zunichte gemacht.

Nach dem Niedergang der Bauernbewegung kämpften hauptsächlich Abgeordnete, die den linksgerichteten Oppositionsparteien angehörten, gegen die Mafia. Es gab jedoch auch Einzelkämpfer wie zum Beispiel Danilo Dolci, Leonardo Sciascia oder Giuseppe Fava. Der Sozialreformer Danilo Dolci (1924-1997) errichtete 1955 im Mafiadorf Partinico ein Sozialzentrum gegen den Widerstand der Mächtigen und setzte 1956 mit Gewerkschaftlern und Arbeitslosen eine dringend benötigte Straße wieder instand. Sein Ziel war die Sensibilisierung und Mobilisierung der Bevölkerung gegen die Mafia und die Bekanntmachung der sizilianischen Realität im In- und Ausland. Ab 1958 hat Danilo Dolci vier weitere Sozialzentren in Sizilien errichtet.

Leonardo Sciascia (1921-1989) äußerte sich ab 1970 als freier Schriftsteller explizit gegen die Mafia. Von ihm stammen zahlreiche Gedichtbände, Erzählungen und Mafiaromane. *Il giorno della civetta* zählt zu seinen bedeutendsten Werken. Er weist in seinen Veröffentlichungen vor allem auf den Zusammenhang zwischen Mafia und Politik hin. Auch Giuseppe Fava (1925-1984) veröffentlichte ähnlich wie Sciascia mehrere gegen die sizilianische Mafia gerichtete Bücher und Romane. Er gründete 1983 seine eigene Antimafiazeitschrift *I Siciliani*. Fava machte auf die Zusammenhänge zwischen Mafia und Wirtschaft aufmerksam und scheute sich nicht davor, Namen zu nennen.

Neben den genannten Intellektuellen zählen auch die 68er Studentenbewegungen und die aus ihr heraus entstehenden neue Linke zu den Pionieren der neuen Antimafiabewegung. Einer der neuen Linken, Giuseppe Impastato (1948-1978), kämpfte aktiv gegen die Mafia, indem er sich in Palermo der linken Studentenschaft anschloß. Impastato organisierte Straßentheater, Musik- und Filmveranstaltungen und gründete den lokalen Radiosender *Radio Aut*. Er griff die illegalen Aktivitäten der örtlichen *mafiosi* an und zeigte ihre Beziehungen zum Stadtrat auf.

Neben Giuseppe Fava gründete Pater Fasullo 1975 die erste Antimafiazeitung der Kirche, *Segno* genannt. Die Linke ist für Fasullo ein natürlicher Verbündeter, denn seine Zeitung ist linksorientiert und kritisiert die Mafia als undemokratisch und unchristlich. Fasullo will die Amtskirche und Katholiken dazu bringen, als Christen gegen die Mafia Stellung zu beziehen. Außerdem will er die Öffentlichkeit über die üblen Machenschaften der Cosa Nostra informieren und er fordert die Denunzierung unhaltbarer politischer Zustände.

Zur Erinnerung an den 1978 ermordeten Giuseppe Impastato wurde 1980 das drei Jahre zuvor gegründete sizilianische Forschungs- und Dokumentationszentrum *Centro Siciliano di Documentazione „Giuseppe Impastato"* genannt. Es wird durch Umberto Santino (ausgebildeter Jurist) geleitet und beinhaltet eine große Bibliothek und eine Dokumentensammlung. Das Zentrum konzentriert sich auf Forschungs- und Öffentlichkeitsarbeit.

Letztendlich blieben diese frühen Bemühungen im Kampf gegen die Mafia auf wenige Personen beschränkt und noch ohne jeden Erfolg. Zu den Gründen zählt ein zu geringes Wissen über die Organisation der Mafia und kein Bewußtsein über das wahre Ausmaß des Einflusses der Cosa Nostra auf die Politik. Man spricht bis Anfang der 80er Jahre deshalb auch nicht von einer Antimafiabewegung im eigentlichen Sinne des Wortes.

Die gesamte Anfangszeit der Antimafiabewegung war durch eine Welle blutiger Gewalt gekennzeichnet. Zum einen befehdeten sich verschiedene Mafiafamilien in Sizilien bis aufs Messer im Kampf um die Vorherrschaft in ihrer Stadt, zum anderen fielen erstmals zunehmend unliebsame Politiker wie zum Beispiel der sizilianische Regionalpräsident Piersanti Mattarella (1980) oder der Kommunistenführer Pio La Torre (1982) der Mafia zum Opfer. Ihr Leben mußten auch nicht korrumpierbare Vertreter der Justiz und Polizei wie der Richter Cesare Terranova (1980), der Polizist Lenin Mancuso (1979) oder der Generalstaatsanwalt Gaetano Costa (1980) lassen. Entscheidend war 1982 das Attentat auf den Polizeipräfekten Carlo Alberto Dalla Chiesa, das landesweit emotionale Entrüstung über die Skrupellosigkeit der „ehrenwerten Gesellschaft" auslöste. Daraufhin wurden in Palermo verschiedene Antimafiagruppen und –zentren (*Centro Terranova*, 1980 oder *Fondazione Costa*, ebenfalls 1980) gegründet. Im Jahre 1982 entstand der erste Antimafiadachverband *Coordinamento antimafia*, dessen offizielle Konstituierung am 09. Februar 1986 erfolgte. Ziele des *Coordinamento antimafia* waren die Errichtung eines Antimafiamonuments in Palermo, die Sensibilisierung der Bevölkerung für Mafiaorganisation und die Verbreitung von Informationen über die illegalen Machenschaften der Cosa Nostra über Palermo hinaus. Im März 1995 wurde ein zweiter landesweiter Antimafiadachverband, *Libera* genannt, gegründet. Zu seinen Aktivitäten zählten das Verfassen offener Briefe, die Einführung eines Mahn- und Gedenktages bezüglich der Mafia und ein Gesetz, um Geld aus Enteignungen von Mafiamitgliedern in soziale Einrichtungen zu lenken.

Aus einer Unterschriftenliste heraus entstand eine Frauenorganisation, deren Mitglieder meist Ehefrauen aus den gefährdeten Berufsgruppen wie zum Beispiel Polizei waren. Hauptpfeiler der Frauenbewegung war die von Giovana Terranova (Ehefrau des ermordeten Richters Terranova) 1982 gegründete erste ständige Antimafiaorganisation Italiens *Comitato delle donne contro la Mafia*. Zu ihren Hauptaktivitäten zählen Engagement bei Prozessen und finanzielle Unterstützung von Mafiaopfern. 1988 wurde die Frauenorganisation in *Associazione donne siciliane per la lotta contro la mafia* umbenannt.

Aus der katholischen Studentenbewegung und anderer katholischer Gruppen heraus entstand 1980 die *Cittá per l'uomo*. Ziel dieser Organisation war in erster Linie die Verdrängung der DC[55]. Auch die katholische Kirche distanzierte sich von der DC und viele Priester engagierten sich in den Antimafiaaktivitäten. In den 80er und 90er Jahren entstanden durch

---

[55] DC steht für *Democrazia Cristiana*, eine in Sizilien mit der Mafia verfilzte Partei.

die Arbeit der Priester viele Stadtteilsozialzentren (unter anderem *Centro San Saverio, Laboratorio Zen Insieme, Centro Santa Chiara, Dipingi la pace* oder *Centro Padre Nostro*).

1980 betrat Leoluca Orlando die politische Bühne, also der Mann, der sich später zum politischen Führer der Antimafiabewegung entwickeln sollte (vgl. Bestler 2000).

Leoluca Orlando sagte in einem Interview über seine Arbeit gegen die Mafia:

„Warum über die Mafia sprechen?" fragen sich die *mafiosi*. „Es gibt keine Mafia" fügen sie hinzu. Sie wollen uns glauben machen, daß die Mafia nicht existiert. Aber es gibt sie wirklich und wir müssen darüber sprechen. Über die Mafia zu sprechen ist ein sinnvoller Weg, um sie zu bekämpfen. Die Mafia ist in Sizilien verankert. Die *mafiosi* wollen, daß die Sizilianer ihre kulturellen Komplizen werden. Sie sagen, Sizilien und die Mafia sind sich einig. Aber die Mafia ist Siziliens schlimmstes Verhängnis, weil dieses Phänomen die Geschichte Sizilien gegen Sizilien und die Identität Sizilien gegen Sizilien verursacht. Auch die Kultur von Sizilien gegen Sizilien. Das ist ein Grund, über die Mafia zu sprechen und darauf aufmerksam zu machen, Sizilien nicht mit Mafia gleichzusetzen. Diese Initiative will von der Macht des Wissens Gebrauch machen. Weil Wissen Macht ist und wir wollen diese Macht gegen die Macht der Gewalt einsetzen. Gewalt ist die Macht des Schweigens und der Mafia. (vgl. City Of Palermo & Tuscan Region 1999)

Leoluca Orlando war einer der jüngsten Professoren für Recht in Italien. Nachdem sein Freund, der sizilianische Regionalpräsident Piersanti Mattarella 1980 von der Cosa Nostra ermordet wurde, begann Orlando, sich am Kampf gegen die Mafia zu beteiligen. Er vertrat Mafia-Opfer vor Gericht und gründete 1991 die politische Antimafiabewegung *La Rete*[56].

---

[56] Italienisch: das Netz

Umgeben von ehemaligen Pci[57]-Mitgliedern wurde er in der Führungsriege Parteichef. 1993 wurde er zum Antimafiabürgermeister von Palermo gewählt und grüner Abgeordneter im Europaparlament. Im November 1997 wurde er wieder Bürgermeister von Palermo. Orlando sagt: *"Palermo e nostra e no cosa nostra."* – Palermo gehört uns und nicht der Cosa Nostra (Zoom 1996). Orlando ist am 18. Dezember 2000 vor Ablauf seiner Amtszeit zurückgetreten, weil er für das Amt des Präsidenten der Region Sizilien kandidieren wollte, die im Juni 2001 stattfanden, wurde jedoch nicht gewählt. Das wäre nicht möglich gewesen, wenn er noch Bürgermeister gewesen wäre. Palermo wurde von Dezember 2000 bis November 2001 von einem kommissarischen Bürgermeister namens Serio regiert. Am 25. November 2001 gewann dann Diego Cammarata, der in der Partei *Forza Italia* ist, mit 54% die palermitanischen Bürgermeisterwahlen[58].

Auch der Name Pio La Torre, ein Abgeordneter der Pci, steht für einen Erfolg der Antimafiabewegung auf institutioneller Ebene, nämlich das Antimafiagesetz. Das heutige Antimafiagesetz hat zwei Vorgänger-Gesetze: die *Legge Reale* und die *Legge Cossiga*. Diese Gesetze versuchten in erster Linie, den Terrorismus generell und weniger die Mafia ausschließlich zu bekämpfen. Doch heute steht an erster Stelle die *Legge Rognoni-La Torre* von 1982. Benannt ist dieses Gesetz nach dem damaligen Innenminister Virginio Rognoni und dem Verfasser des Gesetzesentwurfes Pio La Torre, der am 30. April 1982 von der Mafia ermordet wurde (vgl. Bestler 2000).

---

[57] Pci steht für *Partito comunista italiano*, die kommunistische Partei Italiens; 1991 Umbenennung in Pds (*Partito Democratico della Sinistra* = Demokratische Partei der Linken) und schließlich 1998 Umbenennung in Ds (*Democratici di Sinistra* = Links-Demokraten).

[58] In Zusammenhang mit Orlando ist der „Frühling von Palermo" zu erwähnen. Orlando war in den späten 80er Jahren der Kopf einer Koalition aus Christdemokraten, Grünen und mehreren Bürgerinitiativen und hat der „ehrenwerten Gesellschaft" öffentlich den Kampf angesagt. Er konnte auf die Unterstützung der Bevölkerung zählen und so wurden viele Antimafiainitiativen gegründet (vgl. Siebert 1997: S. 377).

Inhalt des Antimafiagesetzes:
- Einführung der neuen Straftatbestände „mafiose Vereinigung" und „unerlaubte, durch Drohung und Gewalt ausgeübte wirtschaftliche Konkurrenz"
- Schaffung neuer Kompetenzen für Behörden, um Finanzverhältnisse verdächtiger Personen besser aufdecken zu können
- generelle Verschärfung der Strafbedingungen für *mafiosi*

Durch die Revision dieses Antimafiagesetzes 1990 konnten die Finanzkontrollen bei öffentlichen Aufträgen und die Verfolgung der Geldwäscherei erweitert werden. Strafvergünstigungen (wie etwa vorzeitige Haftentlassung) wurde ein Riegel vorgeschoben.
Staatsanwaltschaft und Polizei erhielten nach der Ermordung der Untersuchungsrichter Giovanni Falcone (23. Mai 1992) und seinem Nachfolger Paolo Borsellino (19. Juli 1992) durch ein Antimafiadekret neue Vollmachten und mehrere tausend Soldaten wurden zu ihrer Unterstützung in Sizilien stationiert (vgl. Brütting 1997: S. 88f; 233).

Zusammenfassung:

Das Antimafiagesetz von 1982 sah die bloße Zugehörigkeit zur Cosa Nostra als Strafbestand. Das Gesetz wurde in den 80er Jahren verschärft, um gezielter hinter die augenscheinlich „legale Fassade" der Mafia blicken zu können. Aufgrund dieses Gesetzes und der Anwendung der sogenannten Kronzeugenregelung (ein *pentito* erhält Strafermäßigung) konnten in den späten 80er Jahren mit Hilfe antimafioser Richter viele Mafia-Prozesse eröffnet und auch abgeschlossen werden. Der bedeutendste Mafia-Prozeß war in den Jahren 1986/87 der sogenannte *maxiprocesso*[59] in Palermo, bei dem führende Mafiabosse unter anderem von den Richtern Falcone und Borsellino zu Gefängnisaufenthalten verurteilt werden konnten. 1990 fand ein Berufungsverfahren statt mit zum Teil erheblichen Strafmilderungen. In der dritten Instanz wurden

---

[59] Italienisch: Mammutprozess

aber die ursprünglichen harten Strafen bestätigt (vgl. Historisches Institut der RWTH Aachen 2001).

Wie schon erwähnt, sind die berühmtesten Antimafiarichter Siziliens Giovanni Falcone (1939-1992) und sein Kollege Paolo Borsellino (1940-1992). Beide Untersuchungsrichter verloren 1992 durch Attentate der Cosa Nostra ihr Leben, nachdem klar geworden war, daß sie aufgrund ihrer Indizien und Sachkenntnisse die Mafia im Innersten bedrohten. Ihre Rolle als unbestechliche Mafiajäger machte sie zu Idolen der Italiener. Deswegen war ihre Ermordung ein Fanal, auf das die Bevölkerung entschlossen reagierte und die Antimafiabewegung erneut in Gang setzte. Sogar der Flughafen von Palermo wurde nach den Richter-Attentaten von ursprünglich *Punta Raisi* in *Falcone-Borsellino* umbenannt. An dieser Stelle sollen die beiden wichtigen Persönlichkeiten für die Antimafiabewegung näher vorgestellt werden.

Kurzbiographie von Giovanni Falcone:
Giovanni Falcone wurde am 20. Mai 1939 im Stadtteil „La Kalsa" von Palermo geboren. Die Familie Falcone entstammte der Mittelschicht und Falcones Vater war Chemiker. Das ehemals vornehme, mittlerweile aber extrem heruntergekommene Kalsa-Viertel kann man durchaus als *ambiente mafioso* bezeichnen, das heißt er war von Kindheit an mit dem Phänomen Mafia konfrontiert. Giovanni Falcone spielte als Kind zum Beispiel mit dem später wichtigen *mafioso* Tommaso Spadoro Tischtennis. Falcone kam aus keiner politischen Familie, sympathisierte aber mit der kommunistischen Partei, der er jedoch nicht beitrat, und strebte zunächst eine militärische Karriere an. Dafür besuchte er ein Jahr die Marineakademie, studierte dann aber Jura in Palermo. Nach Abschluß des Studiums arbeitete Giovanni Falcone zunächst in Lentini und Trapani. In den 70er Jahren kehrte er wieder nach Palermo zurück, wo er zuerst am Konkursgericht, später aber bei der Ermittlungsbehörde (*Ufficio Istruzione*) arbeitete. Aufgrund seines Berufes konnte Falcone nicht am gesellschaftlichen Leben Palermos teilnehmen, da viele *mafiosi* Mitglieder in Vereinen waren und er sich nicht kompromittieren wollte. Als Ermittlungsrichter beschäftigte sich Falcone mit den größten Mafiafällen und er

recherchierte das Wirtschafts- und Finanzgebaren der Mafia, wobei ihm seine Erfahrungen, die er im Konkursgericht sammeln konnte, hier zugute kamen. Falcone begann auch, mit Strafverfolgungsbehörden im Ausland, vor allem den USA, intensiv zusammenzuarbeiten. Ihm gelang es, stichhaltige Beweise gegen *mafiosi* aus vier verschiedenen Familien in Sizilien und den USA zusammenzustellen. Auch konnte er nachweisen, daß nunmehr Heroin nicht mehr nur in Frankreich (die sogenannte „French Connection"), sondern auch in Sizilien raffiniert wurde und die sizilianischen Familien mit der von Gambino in New York zusammenarbeiteten. Um zu diesem Ergebnis zu gelangen, hatte es keines einzigen Mafiakronzeugen bedurft. Durch diese Erfolge im Kampf gegen die Mafia, die Falcone verzeichnen konnte, setzte er sich natürlich größter Gefahr aus. Falcone mußte mehrere Anschläge auf sein Leben hinnehmen. Das erste Mal in den 80er Jahren. Falcone wollte den *mafioso* Lo Presti im Stadtgefängnis *Ucciardone* von Palermo vernehmen, als ihn der Häftling Salvatore Sanfilippo zu erschießen versuchte (vgl. Stille 1997). Giovanni Falcone bezahlte letztendlich sein mutiges und humanes Eintreten für Recht und Gesetz mit seinem Leben. Zusammen mit ihm starben beim Bombenattentat auf der Autobahnbrücke bei Capaci (nahe Palermo) seine Ehefrau Francesca Morvillo und drei seiner Leibwächter, Rocco Di Cillo, Vito Schifani und Antonio Montinaro. An seinem Staatsbegräbnis nahmen tausende von Menschen teil, es entwickelte sich zu einer Volksdemonstration und brachte somit die Antimafiabewegung wieder in Gang (vgl. Bestler 2000).

Giovanni Brusca, der auch für den Mord an dem 14jährigen Giovanni di Matteo verantwortlich war, bereitete für das Richter-Attentat 350 Kilogramm Sprengstoff vor. Brusca brachte die Bombe, die er in Waschpulvertonnen versteckt hatte, unter der Autobahnbrücke bei Capaci an. Er war es auch, der den Knopf der Fernbedienung drückte, was das Massaker schließlich verursachte (vgl. Reski 2001: S. 43).

Nach der Ermordung des Richters Giovanni Falcone traten zahlreiche Frauen einen Monat lang in Hungerstreik. Ihr Motto lautete „Hunger nach Gerechtigkeit" (vgl. Bestler 2000).

Kurzbiographie von Paolo Borsellino:

Paolo Borsellino wurde 1940 im selben Stadtteil Palermos wie sein Freund Giovanni Falcone geboren, nämlich dem Kalsa-Viertel. Borsellinos Vater war Apotheker; er stammte also aus einer gutbürgerlichen Familie. Giovanni und Paolo wuchsen zusammen auf und kannten sich durch das gemeinsame Fußballspielen. Paolo Borsellino interessierte sich schon früh für Geschichte und den Faschismus. Als er in Palermo Jura studierte, trat er einer neofaschistischen Gruppierung, jedoch nie einer Partei bei. Auch während des Studiums waren Falcone und Borsellino eng befreundet. Nach Abschluß des Studiums arbeitete Borsellino zunächst in Agrigent und Monreale. Aber auch er kehrte wieder nach Palermo zurück und arbeitete als Staatsanwalt bei der Ermittlungsbehörde, *Ufficio Istruzione*. Paolo Borsellino setzte sich ebenso wie sein Freund durch seine Tätigkeit großer Gefahr aus und mußte sich somit auf einen kleinen Freundes- und Kollegenkreis beschränken. Auch er hatte kaum Zugang zum gesellschaftlichen Leben Palermos. Weil Paolo Borsellino offen, stets freundlich und hilfsbereit und aus diesem Grunde allseits beliebt war, fiel ihm das nicht leicht. Auch Borsellino konnte unzählige Erfolge im Kampf gegen die Mafia verzeichnen, indem er führende Mafiabosse verhaften ließ (vgl. Stille 1997).

Beim Massaker in der Via D'Amelia in Palermo kamen zusammen mit Paolo Borsellino fünf seiner Leibwächter, Agostino Catalano, Walter Cusina, Vincenzo Li Muli, Emanuela Loi und Claudio Traina, ums Leben (vgl. Jamieson 2000: S. 27).

Ab 1992, also im Jahr der Richter-Attentate, wurden auch Schulen in die Antimafiaarbeit mit einbezogen, in der Hoffnung, daß diese Generation die Antimafiabewegung besser fortführen könne. Ziele waren, selbständiges Denken zu lernen, die Entschlußkraft bei den Schülern zu steigern, andere außerfachliche Fähigkeiten zu fördern und die Entwicklung eines Rechtsbewußtseins bei den Kindern zu begünstigen. Im Januar 1992 entstand der Antimafiadachverband *Cartello Palermo Anno Uno*. 1994 initiierte der Dachverband das Projekt *Palermo apre le porte*, bei dem

Kinder heruntergekommene Monumente „adoptierten", um sie der Öffentlichkeit zugänglich zu machen.

Seit 1995/96 ist die Antimafiabewegung so gut wie tot. Viele Gruppen lösten sich auf; es gibt keine Massenkundgebungen und Manifestationen mehr. Es gibt aber noch einen Rest von Grüppchen und Einzelkämpfer wie Umberto Santino (*Centro Siciliano di Documentazione „Giuseppe Impastato"*). Der Grund liegt darin, daß die Mafia ruhiger geworden und in den Nachteil geraten ist. Die Masse kann nicht mehr über Emotionen mobilisiert werden. Die Bewegung hat sich auch deshalb aufgelöst, weil sie ihre Ziele nicht erreichen konnte. Die Denkweise hat sich heute verändert, vor allem durch die Arbeit der Schulen. Auch die Antimafiaarbeit war wichtig in diesem Zusammenhang. Die Schüler wurden zu einem anderen Denken erzogen. Auch die neuen progressiven Bürgermeister, die ab 1992 in den Mafiahochburgen Palermo, Catania, Trapani, Capaci oder San Giuseppe Jato ins Amt kamen, spielten eine große Rolle als Protagonisten der Antimafiabewegung. Die Richter haben korrupte Politiker entlassen und so kamen die neuen progressiven Politiker ab 1992 an die Macht.

Abschließend läßt sich sagen: Die Antimafiabewegung hat sich mittlerweile in den Schulen und den Institutionen glücklicherweise etabliert (vgl. Bestler 2000).

Die Trägergruppen der Antimafiabewegung

Bei den Antimafiagruppen lassen sich im Prinzip zwei Hauptformen von Aktivitäten unterscheiden: solche im sozialen und solche im eher politischen Bereich. Die Organisationen, die im sozialen Sektor tätig sind, streben in erster Linie die Vorbeugung krimineller Aktivitäten durch Sozialarbeit sowie erzieherische und kulturelle Mittel an. Die unmittelbar politisch engagierten Gruppen hingegen zielen auf eine Sensibilisierung der Öffentlichkeit und die Schaffung einer Antimafiagesinnung durch die Verbreitung von Informationen oder die Organisation von Protestveranstaltungen ab.

Zur ersten Gruppe zählen vor allem die in den Armenvierteln tätigen Sozialzentren, aber auch alle Gruppen, die Aufklärungsarbeit in den Schulen betreiben. Der Beginn der Sozialzentrumsbewegung liegt in den 70er Jahren und war in gewisser Weise eine Folge des Zweiten Vatikanischen Konzils, da vor allem engagierte Priester die Zentren ins Leben gerufen haben. Diese Priester und die sie unterstützenden Laien sahen in den Armenvierteln, aus denen häufig die Killer und Handlanger der Mafia rekrutiert werden, ein geeignetes Feld für den Kampf gegen die Mafia. Die bevorzugten Mittel liegen im Bereich der Erziehung. So bieten diese Sozialzentren in der Regel Kindergärten an, Hausaufgabenbetreuung sowie Möglichkeiten der Freizeitgestaltung für Jugendliche. Aufklärungsarbeit in Schulen betreiben sehr viele Gruppen: Das *Centro Siciliano di Documentazione „Giuseppe Impastato"* beispielsweise hat didaktisches Lehrmaterial – Bücher, Filme etc. – für die Universitäten und Schulen erarbeitet. Mitglieder der *Associazione donne siciliane per la lotta contro la mafia* suchten diverse Schulen auf, um über ihre Erfahrungen mit der Mafia, beispielsweise den Verlust von Familienangehörigen, zu berichten.

Zu den im politischen Bereich tätigen Gruppen zählt das „Leintuchkomitee", welches den Prospekt *Nove consigli scomodi al cittadino che vuole combattere la mafia* verbreitet hat. Das stellte einen Antimafiaverhaltenskodex für das tägliche Leben dar. Die Hauptaktivität der unmittelbar politisch tätigen Gruppen stellt die Organisation von öffentlichen Debatten, Tagungen und Bücherpräsentationen dar. Vor allem die nicht spezialisierten Antimafiagruppen beschränken sich auf diese Form von Antimafiaengagement. Gruppen wie das *Centro Siciliano di Documentazione „Giuseppe Impastato"* betreiben Forschung und gewähren Zugang zu einer umfangreichen Bibliothek (auch das *Istituto Gramsci* oder das *Centro Arupe*) und einem Archiv und haben eine Homepage im Internet errichtet, um durch die so bereitgestellten Informationen ebenfalls die öffentliche Meinung zu beeinflussen. Von der Öffentlichkeit sicher am meisten wahrgenommen werden die großen Protestveranstaltungen, die ebenfalls von den politisch wirkenden Gruppen organisiert werden. Zu diesen zählen vor allem Kundgebungen, Fackelzüge und Gedenkfeiern. Betrachten wir nun die sizilianischen Bewegungsorganisationen, die in Palermo konzentriert sind, im einzelnen. Auf Organisationen außerhalb Siziliens, wie etwa die bedeutende Gruppe *Libera* von Don Luigi Ciotti, wird nicht eingegangen (vgl. Bestler 2001b).

Zu den ältesten und wichtigsten Stadtteilsozialzentren gehören das *Centro San Saverio* in der Albergheria und das *Centro Santa Chiara* im historischen Stadtzentrum. Daneben muß aber auch die Vereinigung *Dipingi la Pace* – unterhalten vom Zentrum der Pfarrgemeinde Santa Lucia im Stadtteil Borgo Vecchio – erwähnt werden; ferner das *Centro Padre Nostro* im Brancaccio; das Zentrum der Pfarrgemeinde *La Maggione* von Pater Giacomo Rimbaudo in der Kalsa; das von der Vereinigung *Inventare Assieme* unterhaltende *Centro Tau* im Stadtteil Zisa; das auf Initiative von einigen Sozialarbeiterinnen und Stadtteilbewohnern gegründete *Laboratorio ZEN Assieme* im Neubaustadtteil ZEN sowie schließlich die Arbeit von Pater Gregorio Porcaro in der *Zona Viale Michelangelo*. Als Pionier der Stadtteilbewegung kann Pater Cosimo Scordato, der seine Antimafiaaktivitäten schon in den frühen 80er Jahren in Casteldaccia begann, betrachtet werden. Scordato ist innerhalb der gegen die Mafia engagierten Priester auch der am stärksten politische, was sich in der Arbeit „seines" Sozialzentrums niederschlägt. Die Zentren liegen allesamt in problematischen Stadtteilen (*quartieri a rischio*), sprich den Armenvierteln der Stadt. Sie wollen den Bewohnern nicht nur konkrete Hilfestellungen, etwa im Umgang mit den Behörden oder zur Erlangung besseren Wohnraums[60], bieten, sondern verfolgen vor allem das Ziel, die Armen von den – gerade diese Stadtteile beherrschenden – Mafiaclans unabhängig zu machen. Letztendlich besteht die Strategie der Stadtteil-

---

[60] In diesem Kontext muß die Hausbesetzungsinitiative genannt werden. Über das *Centro San Saverio* wurden etwa 30 Familien im Stadtteil Albergheria mobilisiert, leerstehende Häuser aufzubrechen und zu besetzen. Vor der Besetzung wurde allerdings der zuständige städtische Assessor informiert, der die Polizei auch dazu anwies, nicht einzuschreiten. Diese Aktion, die ungefähr einundhalb Jahre dauerte und auch mit Hungerstreiks verbunden war, führte zum Erfolg und viele arme Familien konnten auf diese Weise zu besserem Wohnraum kommen.

zentren in der Ausweitung und Rückgewinnung der „Kontrolle über das Territorium" durch ihre Bewohner. Zu diesem Zweck wenden sich die Zentren vor allem an Frauen und Kinder. Das *Centro Santa Chiara* hat darüber hinaus mit den vor allem aus dem Maghreb, aus Zentralafrika und Sri Lanka stammenden Immigranten eine weitere Zielgruppe. Bei der Kinderarbeit bemüht man sich konkret um das Aufholen schulischer Defizite, eine sinnvolle Freizeitgestaltung[61], berufliche Aus- bzw. Weiterbildung[62], Drogenaufklärung und um eine Erziehung hin zur Gewaltfreiheit. Bei konkreten Problemen, wie etwa dem in enormen Umfang in der Altstadt festgestellten Kindermißbrauch schreiten die Zentren – hier vor allem das *Centro Santa Chiara* – mit polizeilichen Anzeigen und Öffentlichkeitskampagnen ein. Mitarbeitern des *Centro Santa Chiara* wurden von den betroffenen Kindern bereits Mitte der 90er Jahr auf das Problem aufmerksam gemacht. Laut Don Meli werden in der Altstadt mindestens 200 Kinder, angefangen bei Zweieinhalbjährigen, zum Zwecke der Herstellung von Pornofotografien und -videos mißbraucht. Da die Videokassetten einen Marktwert von je etwa ehemals 400.000 bis 500.000 Lire (entspricht etwa 200 bis 260 EURO) haben, vermutet Meli einen mafiosen Hintergrund, was angesichts der Kontrolle des Stadtviertels durchaus plausibel wäre. Sein Sozialzentrum machte auf den Skandal bereits 1996 aufmerksam, wodurch einige Täter – wenn auch nicht die Drahtzieher – dingfest gemacht werden konnten. Das Zentrum produzierte ein umfangreiches Dossier, das es den maßgeblichen Stellen in Polizei, Justiz sowie wichtigen Politikern überreichte. Da das Problem nach wie vor besteht, wurde der Kampf gegen den Kindermißbrauch in dem Sozial-

---

[61] Das *Centro Tau* unterhält zu diesem Zweck ein Informatik-, Theater-, Sport-, Mal- und Handwerkslabor, darüber hinaus eine Bibliothek und eine Videothek. Im *Centro San Saverio* wurde Kindern und Jugendlichen, nicht zuletzt vielen ehemaligen Taschendieben, beigebracht, Stadtführungen für Touristen durchzuführen.

[62] Die *Inventare Assieme* im Stadtteil Zisa gründete beispielsweise im Jahre 1998 die Kooperative *Al-Aziz*, welche sich – finanziert über das EU-Programm „Youthstart" – um die Berufsausbildung von 16 gefährdeten Jugendlichen, die *adolescenti a rischio* genannt werden, kümmert, mit dem langfristigen Ziel des Aufbaus eines Handwerksbetriebes.

zentrum zu einem Hauptarbeitsschwerpunkt. Daneben bildet die Arbeit mit Frauen einen weiteren Schwerpunkt des *Centro San Saverio*. In seiner *Gruppo donne*[63] wird den Frauen des Viertels die Technik der Stoffmalerei beigebracht, wobei es dem Zentrum nicht so sehr um die Vermittlung dieser Handfertigkeit geht, als vielmehr darum, daß die Frauen einen Ort haben, an dem sie sich treffen und miteinander reden können. Unter Anleitung wird dabei auch über politische Themen gesprochen, wodurch ein Bewußtwerdungsprozeß angeregt werden soll. Während die Sozialzentren bei den Kindern und Frauen relativ gut ankommen, ist ihnen bei den Männern kein oder nur sehr wenig Erfolg beschieden. Nur das *Centro San Saverio*, das unter anderem eine von ehemaligen Strafgefangenen betriebene Trattoria unterhält, stieß auch bei wenigen Männern auf geringe Resonanz. Die meisten Zentren werden, wie schon zum Ausdruck kam, von Priestern geleitet, einige wie das *Centro Tau* von katholischen Laien, andere wie das *Laboratorio ZEN Insieme*, von Frauen. Auch wenn die Führung der Sozialzentren hauptsächlich bei Priestern liegt, spielt die Religion doch nur eine untergeordnete oder auch gar keine Rolle. Eine religiöse Betätigung ist in den Zentren zwar möglich, im Vordergrund steht aber die praktische Arbeit. Diese wird in erster Linie von ehrenamtlichen Kräften – die Zentren finanzieren sich weitgehend selbst[64] – getragen, von denen sich nur ein Teil als praktizierende Katholiken versteht. Die Mehrzahl der Freiwilligen steht der Amtskirche extrem kritisch gegenüber oder ist an Religion überhaupt nicht interessiert. Es sei auch erwähnt, daß sich einige der nach 1991 entstandenen Sozialzentren nach dem Erlaß des Gesetzes *Legge 216/91* gegründet haben (vgl. Bestler 2001b).

Zur Gruppe der Dokumentations- und Kulturzentren zählen vor allem das *Centro Culturale* der Redentoristen sowie das bereits erwähnte *Centro Siciliano di Documentazione „Giuseppe Impastato"*. Das von Pater Fa-

---

[63] Italienisch: Frauengruppe

[64] Nur wenige Projekte der Sozialzentren erhalten Zuschüsse (etwa von der EU) wie die *Associazione Inventare Assieme* oder die *Gruppo Donne* des *Centro San Saverio*.

sullo geleitete *Centro Culturale* organisiert vor allem Debatten und Konferenzen, bereitet aber auch junge Juraabsolventen auf *Concorsi* vor. Bei den *Concorsi* handelt es sich um öffentliche Wettbewerbe, über die in Italien Stellen im öffentlichen Dienst besetzt werden. Die wichtigste Aktivität des Kulturzentrums besteht aber in der Herausgabe der Zeitschrift *Segno*. Praktisch alle Redaktionsmitglieder des Blattes, das mit der seit 1967 bestehenden Zeitschrift *Il cristiano oggi* einen Vorläufer hatte, kamen von der Linken, woran sich bis zum heutigen Tag nichts geändert hat. Von Anfang an attackierte *Segno* die Mafia als antichristlich und undemokratisch, womit sie nicht nur die Katholiken der Basis, sondern auch die Amtskirche zu der Einsicht bringen wollte, daß man als Christ gegen die Mafia Stellung zu beziehen habe. Auseinandersetzungen mit der Kirche, die sich traditionell – vor allem in der Amtszeit des Kardinals Ruffini – nicht nur aus der Diskussion des Themas „Mafia" herausgehalten, sondern deren Existenz sogar bestritten hatte[65], blieben nicht aus. Den entscheidenden Beitrag, den *Segno* innerhalb der Antimafiabewegung geleistet hat, bestand in der Denunzierung der unhaltbaren politischen Zustände in Palermo sowie der diesbezüglichen Information der Öffentlichkeit. Das sizilianische Dokumentationszentrum *Centro Siciliano di Documentazione „Giuseppe Impastato"* wollte nach seiner Gründung im Jahre 1977 ursprünglich nur die Aktivitäten der neuen Linken, aus der es hervorging, auf weniger ideologische Weise fortsetzen, verlagerte nach der Ermordung Impastatos seinen Schwerpunkt aber auf die Antimafiaarbeit. Bereits am 9. Mai 1979, dem ersten Jahrestag nach der Ermordung Impastatos, organisierte das Zentrum in Palermo die erste Antimafiademonstration, die je in der italienischen Geschichte stattgefunden hat, an der aber nur etwa 2000 Personen teilnahmen. Die Mitglieder des Zentrums, allen voran ist hier sein Initiator Umberto Santino zu nennen, bemühten sich in der Folgezeit, zusammen

---

[65] Fasullo geht sogar noch weiter und spricht von einer „Freundschaft" zwischen Mafia und Kirche, was, betrachtet man die nicht gerade seltenen Fälle von Geistlichen, gegenüber denen der Vorwurf der Zusammenarbeit mit der Mafia erhoben wurde, durchaus eine gewisse Berechtigung hat (vgl. Santino 2000: S. 288).

mit den politischen Freunden, der Mutter, Felicia Bartolotta, und des Bruders, Giovanni Impastato, des Getöteten, den Nachweis zu erbringen, daß Impastato einem Mafiaverbrechen zum Opfer gefallen war. Die Polizei, die sich teilweise in den Händen des Clans Badalamenti befunden hatte, behauptete nämlich zunächst, Impastato habe Selbstmord begangen bzw. sei einem terroristischen Anschlag oder Unfall beim Bombenbasteln zum Opfer gefallen. 1984 trug die Arbeit des Zentrums insofern Früchte, als die Staatsanwaltschaft von Palermo auch offiziell Tano Badalamenti als Auftraggeber des Verbrechens anerkannte (vgl. Santino 1998: S. 124; vgl. Santino 2000: S. 177). Das stellte einen großen Erfolg für das Zentrum dar und es konnte sich auf Literatur- und Forschungsarbeiten konzentrieren. Gerade durch die zahlreichen Veröffentlichungen von Santino wurden verschiedenste Aspekte des Phänomens Mafia erhellt und dieses Wissen so einem breiten Publikum zur Verfügung gestellt (vgl. Bestler 2001b).

Der Kampf der Frauen gegen die Mafia begann bereits 1980, als Palermitanerinnen Unterschriften für eine gegen die Mafia gerichtete Petition zu sammeln begannen, um sie den höchsten politischen Institutionen vorzulegen. Einige der Frauen kamen von den politischen Linksparteien oder aus der Gewerkschaftsbewegung. Andere hingegen hatten durch Mafiagewalttaten ihre Familienangehörigen verloren und entschlossen sich deshalb zu ihrem Engagement. Sie verlangten von den Politikern, endlich etwas gegen die Mafia zu unternehmen. Insgesamt gelang es den Frauen, immerhin etwa 30000 Unterschriften zu sammeln. Zu den Erstunterzeichnerinnen zählten neben den Richterswitwen Giovanna Terranova und Rita Costa auch die Frau des getöteten Polizisten Mancuso, Caterina Mancuso (vgl. Bonavita 1993: S. 50ff). Nach der erfolgreichen Unterschriftenaktion bildete sich das *Comitato delle donne contro la Mafia*, welches sich einige Jahre später in *Associazione donne siciliane per la lotta contro la mafia* umbenannte. Die Frauenvereinigung organisierte Demonstrationen, wie etwa 1988 eine Großdemonstration „Frauen gegen die Mafia und alle Formen von Gewalt", an der Tausende von Frauen aus dem gesamten Mezzogiorno teilnahmen. Darüber hinaus leistete die Gruppe Aufklärungs- und Erziehungsarbeit in den Schulen, als noch nicht viele Lehrer bereit waren, über das Thema „Mafia" zu sprechen. Ferner betreute die Organisation Frauen, die in Mafiaprozessen als Nebenklägerinnen aufzutreten bereit waren psychisch und unterstützte sie auch finanziell. Bei der Beerdigung von Rita Atria, die sich nach dem Tod des Richters Borsellino, der ihre Vertrauensperson gewesen war, mit nur siebzehn Jahren das Leben nahm, trugen Mitglieder der Frauenorganisation den Sarg des Mädchens. Ihre Familie hatte Rita nämlich, nachdem sie sich entschlossen hatte, mit der Justiz zusammenzuarbeiten, verstoßen (vgl. Santino 2000: S. 293). Viele Jahre blieb die Vereinigung, der zeitweise einige hundert Frauen angehörten, ein wichtiger Pfeiler der Antimafiabewegung.

Die wichtigste gegen die Mafia gerichtete politische Basisgruppe stellt die *Città per l'uomo* dar. Sie ging vor allem aus der katholischen Studentenbewegung, konkret der Gruppe *Università per l'uomo* sowie einigen anderen katholischen Gruppen hervor, die allesamt vom Zweiten Vatikanischen Konzil beeinflußt waren. Bereits 1980 trafen sich Personen wie Alongi, der als Initiator der Gruppe gilt, Gabrielli, Salamone, Gioia, der Pater Rizzo, der Jesuit Ennio Pintacuda unter anderem im palermitanischen Haus der Jesuiten, um die politische Lage zu besprechen. Anläßlich der Kommunalwahlen von 1980 – in einer Zeit der größten politischen Krise also, in der das politische Geschehen noch ganz und gar von mafiosen Politikern wie Ciancimino und Lima beherrscht wurde – wurde überlegt, wie die politische Macht vom Stadtrat auf die Stadtteile, konkret die Stadtteilregierungen, verlagert werden könnte. Man schlug den Parteien vor, keine Parteiwahllisten anzufertigen, sondern die „natürlichen Stadtteil-Leader" wählen zu lassen, was seitens der Parteien aber abgelehnt wurde. Nachdem die Gespräche mit den Parteien zu keinem befriedigenden Ergebnis geführt hatten, konstituierte sich dann 1981 die *Città per l'uomo* auch offiziell. Der Gruppe gehörten zwar in erster Linie Katholiken an, sie hatte aber keinen konfessionellen Charakter. Ziel der in der *Città* organisierten Linkskatholiken war eine moralische Erneuerung der Politik und langfristig die Beseitigung der DC, die als nicht reformierbar betrachtet wurde. Einige, wie Pintacuda, den manche als „Ideologen" der Gruppe sehen, strebten die Spaltung der DC an, die sich bis dahin schlechthin als *die* Partei der Katholiken präsentiert hatte. Stand der palermitanische Kardinal Pappalardo, der wegen einiger seiner Trauerreden für Mafiaopfer (1979 Terranova und Mancuso; 1980 Mattarella) von Journalisten als der „Antimafiakardinal" klassifiziert worden war (wogegen Pappalardo sich immer wehrte) der *Città* positiv gegenüber, so gilt dies definitiv nicht für den Papst. Dieser soll auf Pappalardo eingewirkt haben, eine Spaltung der DC durch die *Città* zu verhindern. Andere, wie Nino Alongi, gingen nicht so weit. Sie lehnten die DC schlicht und einfach nur ab. Hatte es 1980 noch geheißen, Katholiken dürften bei Wahlen nur auf der DC-Liste antreten, was für die Vertreter der *Città* wegen der Präsenz der Mafia aus moralischen Gründen nicht in Frage kam, so hatte sich die Situation 1981 geändert. Die *Città* nahm nun erstmals an den Wahlen mit einer eigenen Liste teil, der aber noch kein großer Erfolg beschieden war. Um ihre Position auch in der Öffentlichkeit stärker bekannt zu machen, gründete die *Città* daraufhin im Jahre 1982 *CxU*, eine alle zwei Monate erscheinende eigene Zeitschrift. Bei den Kommunalwahlen von 1985 gelang es der Gruppe dann schließlich erstmals, zwei ihrer Vertreter in den Stadtrat zu entsenden, wo diese – aufgrund der Ablehnung der DC/Psi-Regierung – zunächst noch in der Opposition blieben. 1987 aber schlossen sich die Repräsentanten der *Città* Orlandos fünffarbiger Regierung des „Frühlings von Palermo" an. Die *Città*, die sich während der gesamten 80er Jahre recht erfolgreich politisch betätigte, geriet erst mit der Gründung der Partei *La Rete* in eine Krise. Pintacuda, der sich von der *Città* zugunsten der neuen Partei *La Rete* abgewandt hatte, wollte deren Auflösung. Damit waren wichtige Aktivisten wie Alongi und Toro aber nicht einverstanden und führten die Gruppe – nun allerdings stark dezimiert – weiter. Letztendlich war die *Città per l'uomo*, ähnlich wie die Rete, der Versuch der Gründung einer Antimafiapartei, wenn auch beschränkt auf linkskatholische Kreise und die Kommunalpolitik (vgl. Bestler 2001b).

„Wehret den Anfängen":
Kinder- und Jugendarbeit der Antimafiabewegung

Die Kinder sind das bevorzugte Objekt der Aktivisten der Antimafiabewegung, denn langfristig kann sich – in den Augen gerade vieler kirchlicher Gruppen – die Situation nur durch einen Einstellungswandel bei Kindern und Jugendlichen verändern. Durch eine ganze Reihe von Aktivitäten streben diverse Antimafiagruppen die Erreichung eines solchen Gesinnungswandels besonders bei Kindern und Jugendlichen, die in mafiosen Milieus aufwachsen, an. Einige Beispiele sollen diese Art von Antimafiaarbeit belegen. Zu den wichtigsten Tätigkeiten in diesem Kontext zählen Aufklärungsarbeit in Schulen sowie Stadtteilarbeit in den sogenannten *quartieri a rischio*, das heißt in den Armenvierteln.

Aufklärungsarbeit in Schulen

Die Situation an sizilianischen Schulen ist deutlich problematischer als die in Nord- oder Mittelitalien. Viele Schüler besuchen die Schule erst gar nicht, andere nur mit Widerwillen. Dies betrifft vor allem die Situation in den Elendsvierteln, von denen es gerade in Großstädten wie Palermo oder Catania viele gibt. Einige Daten sollen die Situation etwas verdeutlichen.

Exkurs: Zahlen und Fakten
- In Sizilien liegt die Zahl der Schüler, die keine acht Jahre (von sechs bis 14) die Schule besuchen bei 30% und ist somit doppelt so hoch wie im Norden Italiens.
- In den Armenvierteln von Palermo erreichen nur 10% der Kinder den Grundschulabschluß.
- 76% der straffällig gewordenen Jugendlichen in Italien sind entweder Analphabeten oder haben höchstens den Grundschulabschluß.

- Erst im Oktober 1993 wurde das Thema „Antimafiaerziehung" offiziell in den Lehrplan der italienischen Schulen aufgenommen.
- 1998 hielten sich 620 Schulen an den neuen Lehrplan und an 1000 Projekten beteiligten sich insgesamt 8000 LehrerInnen und 800000 SchülerInnen und StudentInnen (vgl. Jamieson 2000: S. 148f).

Die Antimafiaarbeit muß in den Augen vieler Antimafiakämpfer schon bei den ganz Kleinen beginnen. Denn ein möglicher Weg, die Mafia zu besiegen, ist, ihr den Nachwuchs zu entziehen. Hierfür ist es vor allem wichtig, das Phänomen Mafia in der Schule zu thematisieren. Neben den LehrerInnen gibt es engagierte Frauen und Männer, die aufgrund ihrer Lebensgeschichte oder aus anderen persönlichen Gründen Kinder- und Jugendarbeit in der Schule leisten.

Im folgenden Teil werden der Antimafiadachverband *Cartello Palermo Anno Uno* mit seiner Initiative *Palermo apre le porte*, die Arbeit der Frauengruppe *Associazione donne siciliane per la lotta contro la mafia* sowie das Dokumentations- und Forschungszentrum *Centro Siciliano di Documentazione „Giuseppe Impastato"* vorgestellt. Alle drei genannten Gruppen betreiben schwerpunktmäßig Aufklärungsarbeit in Schulen bzw. tragen dazu bei, daß diese überhaupt erst möglich wird durch die Bereitstellung entsprechender Materialien beispielsweise.

Zu den wichtigsten Ziele der Aufklärungsarbeit in den Schulen zählen:
- Die Kinder dahingehend zu erziehen, die Gesetze zu kennen und sich adäquat zu verhalten. Der Staat und seine Institutionen sind zwar für die Bekämpfung der Mafia verantwortlich, aber nur eine Gesellschaft, die bei Verbrechen nicht weg schaut und auf die Einhaltung und Respektierung der Gesetze drängt, kann das Problem langfristig beseitigen. Es geht den Antimafiaaktivisten also aus diesem Grund ganz zentral um die Erziehung von Kindern und Jugendlichen zur Legalität und der Entwicklung von Staatsbürgerbewußtsein. Aus diesem Grund sehen sie sich ver-

pflichtet, den Kindern beizubringen, den Staat mitsamt seinen Vertretern zu achten.
- Die Kinder, in erster Linie solche, die in Elendsvierteln aufwachsen, davor zu bewahren, die mafiose Mentalität zu übernehmen, welche sich – wie bereits erwähnt – unter anderem durch Mißtrauen und Antagonismus gegenüber dem Staat ausdrückt. Die Verachtung des Staates und seiner Vertreter – Polizisten werden beispielsweise häufig abwertend als *sbirri* bezeichnet – und die Übernahme von subkulturellen (mafiosen) Werten führt in vielen Fällen zu einem kriminellen Leben. Es geht also um die Bekämpfung der mafiosen Mentalität an ihrer Wurzel, das heißt bei der Entstehung in den „Köpfen der Kinder" (vgl. Jamieson 2000: S. 148).

Cartello Palermo Anno Uno

Neben dem 1982 als ersten gegründeten Antimafiadachverband *Coordinamento antimafia* entstand im Januar 1992 ein weiterer Dachverband, nämlich *Cartello Palermo Anno Uno*.

Adresse:
Cartello Palermo Anno Uno
Via Avolio, 2
90134 Palermo

Antimafiaverbände gab es in Palermo bis vor kurzem noch zwei: das *Coordinamento Antimafia* und *Cartello Palermo Anno Uno*. Nach der offiziellen Auflösung des *Coordinamento Antimafia* im Dezember 1999 ist nur noch *Palermo Anno Uno* übriggeblieben. Der zweite Dachverband, *Palermo Anno Uno*, kann insofern als bedeutender als das *Coordinamento Antimafia* betrachtet werden, als er von Anfang an eine breitere Basis besaß und es ihm auch gelang, deutlich mehr Menschen für seine Aktionen zu mobilisieren. Im Unterschied zum *Coordinamento Antimafia* ging es *Palermo Anno Uno* nicht in erster Linie um das Hinweisen auf

Probleme, sondern stärker um die konkrete Aktion. Der Ursprung des Dachverbandes liegt in der von einigen Vereinen in Zusammenarbeit mit Schulen im November 1992 durchgeführten Initiative *Circonvallazione Via Pitrè*. Nach den herbstlichen Regenfällen war die wichtige Umgehungsstraße Palermos nicht mehr befahrbar und die Stadt schaffte es nicht, das Problem zu beseitigen. Aus diesem Grund trafen sich Vertreter verschiedener Vereine und organisierten für den Sonntag des 12. November eine „Straßenreparaturaktion". Etwa hundert Personen erschienen in Arbeitsanzügen und mit Schaufeln und begannen die Straße wieder instand zu setzen. Zwei Wochen nach der provokanten Aktion, über die in den Medien ausführlich berichtet worden war, wurde die Straße seitens der Stadtverwaltung dann in Ordnung gebracht. Ab diesem Zeitpunkt trafen sich die beteiligt gewesenen Vereine – weitere schlossen sich ihnen an – im *Centro San Saverio* regelmäßig. Im März 1993 schließlich gründeten sie den Dachverband *Cartello Palermo Anno Uno* mit ungefähr 50 angeschlossenen Gruppen. Diese kamen aus ganz verschiedenen Bereichen: Katholische Gruppen, Pfarrgemeinden, Stadtteilzentren, alternative Zeitungen, das „Leintuchkomitee", eine feministische Vereinigung, die Pds-nahe ARCI und viele mehr. Man traf sich alle ein oder zwei Wochen, um Aktionen zu besprechen, wobei die Hauptarbeit von etwa zehn bis zwanzig Personen getragen wurde. Einen Vorstand gab es offiziell nicht. Dies vor allem, weil man nicht wollte, daß Einzelpersonen zu sehr ins Rampenlicht der Öffentlichkeit geraten und damit auch für die Mafia identifizierbar sein würden. Zu den wichtigsten Initiativen von *Cartello Palermo Anno Uno* zählten – neben der Aktion *Palermo apre le porte*, welche nach drei Jahren von der Stadt übernommen wurde – die Mobilisierung von Unterstützung für eine Sozialarbeiterin, deren städtisches Sozialzentrum im Stadtteil Settecannoli von einem *uomo d'onore* okkupiert worden war, welcher dort – mit Wissen des zuständigen Assessors – ein Fitneßstudio betrieb sowie eine Initiative zur Fertigstellung einer nur halb gebauten Schule im Stadtteil ZEN, die sich bereits wieder im Verfallsstadium befand. Trotz der unbestritten großen Erfolge des Dachverbandes verließen ihn ab 1995 immer mehr Gruppen und auch die Repräsentanten der noch verblieben Organisationen erschienen bei den Treffen immer seltener (vgl. Santino 2000: S. 296). Schon im Jahre 1996 ähnelte *Cartello Palermo Anno Uno* mehr einem Verein als noch einem Dachverband. Der Dachverband besteht derzeit aus 40 unterschiedlichen Antimafiagruppen und hält alle zwei Wochen öffentliche Versammlungen an unterschiedlichen Orten in und um Palermo ab (vgl. Jamieson 2000: 146f). 1994 hat der Antimafiadachverband *Cartello Palermo Anno Uno* die Initiative *Palermo apre le porte* zusammen mit den Schulen in Palermo ins Leben gerufen. Diese Aktion wurde gestartet, um die Kinder und Jugendlichen sich ihrer Stadt bewußt zu machen und für Palermo in gewisser Weise Verantwortung zu übernehmen. Wenn ein Jugendlicher einem Touristen beispielsweise seine Kirche zeigt, wird er zu deren Kustode einer Tradition, einer Kultur und auch eines physischen Raumes. Dieses Projekt ist also der Versuch, die Kontrolle über ein Territorium, das in den Händen der Mafia liegt, wiederzugewinnen. Die Initiative *Palermo apre le porte* war und ist heute noch ein großer Erfolg, an dem auch viele Studenten beteiligt waren (vgl. Bestler 2001b). In den Jahren 1997/98 „adoptierten" Schüler aus 124 Schulen in Palermo 121 Denkmäler. Die Kinder organisierten dreizehn unterschiedliche Führungen, an denen die Besucher an jedem der vier Wochenenden im Mai teilnehmen konnten. Die Besichtigungstouren führten durch die Altstadt von Palermo oder fanden außerhalb der Stadtgrenze statt. Auf jeder Tour wurden acht bis zehn Monumente besichtigt. Vor den „adoptierten" Denkmälern wurde Halt gemacht und die Schüler erzählten den Besuchern etwas über die Geschichte, der Archäologie oder der Botanik (auch den „Bourbon Park" der Villa Savagnone, der von einem Mafiaboß beschlagnahmt wurde, haben die Kinder adoptiert) des Objekts (vgl. Jamieson 2000: 150f).

In den letzten Jahren wurde diese Initiative aber ausschließlich von einem Asessorat der Stadt geleitet. Seither fühlt sich *Palermo Anno Uno* ihrer eigenen Initiative enteignet. Das *Cartello Palermo Anno Uno* besteht aus verschiedenen Gruppen, die unterschiedlich gute oder schlechte Beziehungen zur Kommune unterhalten, was oftmals ziemlich problematisch ist (vgl. Bestler 2001b).

Associazione donne siciliane per la lotta contro la mafia

Associazione donne siciliane per la lotta contro la mafia heißt die offizielle Vereinigung sizilianischer Frauen im Kampf gegen die Mafia und wurde offiziell am 27. Januar 1984 durch die Eintragung bei einem Notar gegründet.

Adresse:
Associazione donne siciliane per la lotta contro la mafia
Via Rutelli, 38
90143 Palermo

Die heutige Präsidentin der Vereinigung ist Giovanna Giaconia Terranova. Doch schon vorher waren viele dieser Frauen aktiv im Kampf gegen die Mafia, was vor allem durch Spontaneität und Informalität charakterisiert ist. Anfang 1981 beginnen die sizilianischen Frauen ihre Aktivitäten mit der Lancierung einer Petition, die an den Staatspräsidenten und an die Regionalregierung von Sizilien und Kalabrien gerichtet ist. Danach wurde eine Aufklärungskampagne über die Eskalation der Mafiaverbrechen, die Morde an Untersuchungsbeamten und an mutigen Polizisten veranlaßt. Ziel dieser Kampagne war es, andere Frauen dazu zu bewegen, sich aktiv an der Verteidigung ihrer eigenen Rechte zu beteiligen und Protagonistinnen im Kampf zur Verbesserung des eigenen Lebens und des Lebens aller betroffenen Frauen zu werden.

Die Forderungen der *Associazione donne siciliane per la lotta contro la mafia* lauten:

1. Der Staat und alle politischen Kräfte sollen sich voll des Antimafiakampfes annehmen.
2. Gesetzesvorschläge sollen diskutiert werden, welche die Mafia bremsen können.

3. Die kriminellen Geschäfte sollen aufgeklärt werden. Außerdem sollen die Verflechtungen und die Vergünstigungen mit der politischen Macht aufgedeckt werden.
4. Durch eine wirksame Politik im Süden Italiens soll eine Vollbeschäftigung verwirklicht werden.

Um diese Forderungen durchsetzen zu können, wurden Unterschriften gesammelt. Im April 1981 überreichten Giovanna Terranova, Rita Costa und Caterina Mancuso 30.000 Unterschriften an den Präsidenten Pertini und Nilde Jotti in Rom.

Daraufhin wurde das „Komitee der Frauen gegen die Mafia" gegründet. Die sizilianischen Frauen nahmen Kontakt mit den Schulen, den Stadtteilkomitees, den lokalen Gesundheitsdiensten und mit den Verwaltungen auf. Doch diese Institutionen fördern die mögliche Zusammenarbeit nur bedingt.

Nach den Morden an Pio La Torre, Rosatio Di Salvo, Carlo Alberto Dalla Chiesa, seiner Ehefrau und dem Begleitbeamten Domenico Russo entschieden sich die Frauen, im ersten großen Mafia-Prozeß im Dezember 1982 als Nebenklägerinnen aufzutreten. Aber ihr Begehren wurde mit der Begründung zurückgewiesen, das Frauenkomitee habe keinen direkten und persönlichen Schaden durch diese Morde erlitten. Obwohl viele Witwen ermordeter Beamter und Polizisten dem Komitee angehörten. Für die Justiz zählte auch nicht der Grund, daß Frauen in einer Stadt ohne Gewalt leben wollen. Andere Initiativen wurden von dem Frauenkomitee beschlossen wie zum Beispiel die einstweilige Gründung eines Verteidigungsausschusses, der die unentgeltliche Unterstützung der Frauen gewährleisten sollte, die als Nebenklägerinnen in Mafiaprozessen auftreten. Außerdem wurde das Komitee für Frauen geöffnet, die dem *ambiente mafioso* zwar angehörten, aber mit der Gewalt brechen wollten.

1984 wurden Kontakte mit den Schulen geknüpft und Begegnungen finden statt. Ziel dieser Gespräche mit Jugendlichen und Studenten war das Wachsen eines antimafiosen Bewußtseins. Die Frauen leisteten bereits Aufklärungs- und Erziehungsarbeit in den Schulen, als noch nicht viele Lehrer bereit waren, über das Thema „Mafia" zu sprechen. In Neapel fand am 05. März 1985 eine Begegnung der drei Komitees aus Kampanien, Kalabrien und Sizilien statt. Themen der Debatte waren Mafia, Camorra, Arbeitsmarkt, ökonomische Entwicklung, Beschäftigung von Jugendlichen und Beziehungen zur Frauenbewegung. Das Frauenkomitee aus Sizilien machte dabei unter anderem diese Vorschläge:

- Die vollständige und umfassende Anwendung der regional in Kalabrien und Sizilien beschlossenen Gesetze
- Unterricht in den Schulen über mafiose und camorristische Delinquenz und Gegenmobilisierung
- Schaffung des Gesetzes für einen Volksentscheid, um das konfiszierte mafiose Kapital zur Erhöhung der Beschäftigung von Jugendlichen und Frauen zu verwenden und um die enteigneten Unternehmen zu retten
- Die Gründung von Frauenkomitees, die als Nebenklägerinnen in Prozessen gegen Mafia und Camorra auftreten
- Solidaritätsmaßnahmen für Angehörige von Opfern der Mafia und der Camorra, insbesondere für Jugendliche (vgl. Bonavita 1993: S. 50ff)

Die Frauen der Vereinigung hoffen, durch ihre unterschiedlichen Lebensgeschichten die Menschen wachzurütteln und vor allem die Aufmerksamkeit der Kinder und Jugendlichen auf sich zu lenken. Da den meisten Frauen von der Mafia selbst ein schwerer Schicksalsschlag zugefügt wurde, können sie so ihre persönlichen Erfahrungen in die Arbeit mit einbringen.

Centro Siciliano di Documentazione „Giuseppe Impastato"

Das älteste Institut Italiens, das sich mit Antimafiaforschung beschäftigt, ist das sizilianische Dokumentations- und Forschungszentrum *„Giuseppe Impastato"* in Palermo.

Adresse:
Centro Siciliano di Documentazione „Giuseppe Impastato"
Via Villa Sperlinga, 15
90144 Palermo

Das Zentrum wurde im Jahr 1977 von dem Juristen Umberto Santino gegründet und wollte ursprünglich nur die Aktivitäten der neuen Linken, aus der es hervorging, auf weniger ideologische Weise fortsetzen. Nach der Ermordung des jungen Antimafiaaktivisten Giuseppe Impastatos am 09. Mai 1978 verlagerte das Zentrum seinen Schwerpunkt auf die Antimafiaarbeit. Um diesen tapferen jungen Mann nach seinem Tod zu ehren, benannte sich das Zentrum ab 1980 nach ihm, Giuseppe Impastato, denn das kurze Leben Impastatos ging in die Geschichte ein (vgl. Jamieson 2000: S. 145). Doch vor der Beschreibung der Aktivitäten des Forschungs- und Dokumentationszentrums einige Worte zu Giuseppe Impastato selbst:

Giuseppe Impastato (1948-1978)
Der Junge Giuseppe Impastato, Peppino genannt, wuchs in Cinisi, einem kleinen Städtchen nahe Palermo, auf. Seine Familie waren *mafiosi*, die Verbindungen zum lokalen Clan von Tano Badalamenti hatten. Die Ermordung seines geliebten Onkels, die der kleine Giuseppe mit ansehen mußte, löste bei ihm ein Trauma aus. Giuseppe Impastato entschied sich gegen die für ihn vorgesehene Karriere bei der Mafia, was zwangsläufig zu Konflikten mit der *famiglia* führte. Weil Impastato die „ehrenwerte Gesellschaft" ablehnte, versuchte er, sie im Rahmen der Antiama-

fiabewegung zu bekämpfen. In der Radiosendung *Onda pazza* nannte er Cinisi *Mafiopoli* und er machte die Mitglieder des Clans Badalamenti, die trotz Spitznamen für jedermann erkennbar waren, lächerlich. Giuseppe Impastato schickte sich an, für den Stadtrat von Cinisi zu kandidieren. Dies mußte er jedoch in der Nacht vom 8. zum 9. Mai 1978 mit seinem Leben bezahlen (vgl. Bestler 2000).

Im Mai 1980 wurde das Zentrum als kulturelle Vereinigung eingetragen. Am ersten Jahrestag nach der Ermordung Impastatos organisierte das Zentrum die erste Antimafiademonstration in Palermo und zugleich die erste, die jemals in der Geschichte Italiens stattgefunden hat. Es beteiligten sich aber nur 2000 Personen daran.

Der Präsident des Zentrums, Umberto Santino, und alle übrigen Mitglieder des *Centro „Giuseppe Impastato"* bemühten sich in der Folgezeit zusammen mit den politischen Freunden, der Mutter und des Bruders des Getöteten darum, den Nachweis zu erbringen, daß Giuseppe Impastato einem Mafiaverbrechen zum Opfer gefallen war. Die Polizei, die sich teilweise in den Händen des Mafia-Clans Badalamenti befunden hatte, stritt zunächst alles ab. 1984 trug die Arbeit des Zentrums insofern Früchte, als die Staatsanwaltschaft von Palermo offiziell Tano Badalamenti als Auftraggeber für den Mord an Impastato verantwortlich machte. Nach diesem Erfolg konzentrierte sich das Zentrum, das, wie bereits erwähnt, eine große Bibliothek und Dokumentensammlung unterhält, hauptsächlich auf Forschungs- und Öffentlichkeitsarbeit. Allen voran veröffentlichte Umberto Santino diverse Aufsätze über das Thema „Mafia". So konnten sich neben Einzelpersonen auch andere Antimafiaeinrichtungen über Mafiaforschung informieren. Das Zentrum hat daneben auch didaktisches Material für Schulen erarbeitet, welches sie diesen zur Verfügung stellt (vgl. Bestler 2000).

Das Zentrum arbeitet hauptsächlich auf diesen drei Ebenen: zum einen sind Santino und seine Mitarbeiter politisch engagiert, zum anderen versuchen sie, die wirtschaftlichen und finanziellen Machenschaften des organisierten Verbrechens aufzudecken. Daneben betätigen sie sich auch im sozialen Bereich. So hilft das Zentrum beispielsweise Frauen finanziell, die durch die Mafia wirtschaftlich geschädigt worden sind und keine staatliche Unterstützung erhalten. Das Zentrum arbeitet aber auch eng mit dem Sozialzentrum *Centro San Saverio* im Stadtteil Albergheria zusammen. Das *Centro Siciliano di Documentazione „Giuseppe Impastato"* hat daneben eine Literaturliste zusammengestellt, mehrere Forschungsberichte zu den Themen „Drogen" und „organisiertes Verbrechen" verfaßt und stellt pädagogische – zum Teil auch audiovisuelle – Lehr- und Lernmaterialien für Schulen und Universitäten bereit (vgl. Jamieson 2000: S. 145f).

Die Arbeitsschwerpunkte des Zentrums sind:
- Durchführung von Studien zum Thema Mafia – Antimafia
- Forschung, um kulturelle Initiativen zu fördern
- Lenkung der Aufmerksamkeit ganz Italiens und möglichst der ganzen Welt auf die problematische Situation Siziliens

Zu den Mitgliedern des Zentrums zählen gewöhnliche (meist passive) Mitglieder, Menschen, die Interesse an den Aktivitäten des *Centro „Giuseppe Impastato"* haben und einen monatlichen Mitgliedsbeitrag dafür bezahlen sowie andere Antimafiagruppen, die von den Dienstleistungen des Zentrums Gebrauch machen und einen Jahresbeitrag hierfür zahlen. Das *Centro „Giuseppe Impastato"* finanziert sich fast selbst und besteht aus einer Bücherei bzw. Bibliothek. Es gibt eine Zeitung und unregelmäßige Veröffentlichungen heraus, welche die Themen Mafia und organisierte Kriminalität ansprechen. Außerdem bietet das Zentrum Einsicht in Studien, Berichte, Bibliographien und Dokumentationen (zum Beispiel *Notissimi ignati*). Umberto Santino und seine Mitarbeiter leisten Aufklärungsarbeit in den Schulen und Universitäten in und außerhalb Italiens. Die Aufklärungsarbeit besteht aus Konferenzen, Seminaren, Diskussionsrunden und (Foto-) Ausstellungen. Darüber hinaus veranstaltet das *Centro* Demonstrationen und die Mitarbeiter sind sozial tätig (vgl. City Of Palermo & Tuscan Region 1999).

Sozialarbeit in den Stadtteilen Palermos

Die Aktivitäten der Antimafiabewegung in Sizilien setzt sich unter anderem aus Stadtteilsozialzentren, die sich alle in *quartieri a rischio* befinden, Dokumentations- und Kulturzentren und einer Frauenvereinigung zusammen. Hinzu kommen noch politische Basisgruppen, Komitees von Freunden und Familienangehörigen der Mafiaopfer, eine Unternehmerorganisation und den genannten Dachverbände *Coordinamento Antimafia, Cartello Palermo Anno Uno* und *Libera*.

Alle Stadtteilsozialzentren wollen den Anwohnern konkrete Hilfestellungen, etwa im Umgang mit den Behörden oder zur Erlangung besseren Wohnraums, bieten. Ihr Hauptziel ist es, die Armen von den Mafiafamilien unabhängig zu machen, die gerade diese Stadtviertel beherrschen. Das soll durch die Ausweitung und Rückgewinnung der „Kontrolle über das Territorium" durch ihre Bewohner geschehen.

Die Zentren wenden sich zunächst an Frauen und Kinder, da Männer in den meisten Fällen nicht zu einer Zusammenarbeit bereit sind. Bei der Kinder- und Jugendarbeit, die in der vorliegenden Arbeit angesprochen wird, bemühen sich die Mitarbeiter konkret um:

- das Aufholen schulischer Defizite
- eine sinnvolle Freizeitgestaltung
- berufliche Weiterbildung
- Drogenaufklärung
- eine Erziehung hin zur Gewaltfreiheit

Nun werden nacheinander die drei der untersuchten Sozialzentren in Palermo vorgestellt, die alle auf unterschiedliche Art versuchen, der Mafia den Nachwuchs zu entziehen. Die Größe, die personelle und räumliche Ausstattung, das Anliegen der Einrichtung und die Funktion ihrer Mitarbeiter werden beschrieben.

Dipingi la Pace

„Male den Frieden" – *Dipingi la Pace* ist der Leitspruch für das Sozialzentrum von Don Paolo Turturro und seinen Mitarbeitern im Stadtviertel Borgo Vecchio in Palermo. Borgo Vecchio ist eines der problematischsten Stadtteile Palermos, ein Armenviertel direkt am Hafen. Das Projekt *Dipingi la pace* wird unterhalten vom Zentrum der Pfarrgemeinde Santa Lucia.

Adresse:
Dipingi la pace
Piazza Ucciardone, 14
90134 Palermo

Seit den 80er Jahren ist Don Paolo Turturro in Palermo tätig. Er arbeitete zunächst in dem berüchtigten Stadtviertel ZEN und wurde 1988 Gemeindepfarrer in der Pfarrei Santa Lucia im Stadtteil Borgo Vecchio. Borgo Vecchio ist ein Armenviertel am Hafen von Palermo, welcher sowohl Drogen- als auch Waffenumschlagplatz ist. Als Don Paolo Turturro seine Arbeit aufnahm, gab es im Borgo Vecchio keine Schule, denn viele Kinder gingen nicht zur Schule. Es gab auch keine Straßenbeleuchtung, so daß die Mafia ihre Geschäfte in der Nacht ungesehen abwickeln konnte. Dank des mutigen Einsatzes von Don Paolo – wie der sympathische Geistliche von allen Leuten genannt wird – wurde 1989 eine Schule im Viertel erbaut und eine Straßenbeleuchtung installiert. Das Hauptanliegen des Geistlichen besteht darin, den Kindern von Borgo Vecchio bessere Zukunftsaussichten zu verschaffen. Da die meisten Kinder im Borgo Vecchio in einem Umfeld der Gewalt aufwachsen und nicht zuletzt aus ökonomischen Gründen (viele Väter sitzen im Gefängnis) schon früh als Drogendealer zu arbeiten beginnen, rief Don Paolo Turturro die Vereinigung *Dipingi la pace* ins Leben, die Kinder zur Gewaltfreiheit erziehen will. Dieses Ziel wird auch im Sozialzentrum der Pfarrgemeinde verfolgt.

Die Kinder und die Mitarbeiter von *Dipingi la pace*:
Unterstützt wird der Priester von zahlreichen Freiwilligen und Zivildienstleistenden aus der ganzen Welt. Die Pfarrei betreut etwa 150 Kinder und Jugendliche aus unterschiedlichen Kulturkreisen und verschiedenen Religionen, die aber alle aus dem *quartieri a rischio* Borgo Vecchio kommen. Das Sozialzentrum unterhält einen Kindergarten, eine Haupt- und Grundschule und eine Nachmittagsschule für Erwachsene, in der Schulabschlüsse nachgemacht werden können. Don Paolo unterrichtet in „seiner" Schule Religion. Er selbst bezeichnet den Unterricht allerdings eher als „das Leben lehren". Er versucht, Lebenserfahrung in seinem Unterricht zu vermitteln. Im Sozialzentrum erhalten die Kinder eine warme Mittagsmahlzeit. Vor dem Essen wird gebetet. Die Religion spielt jedoch nur eine untergeordnete Rolle. Im Vordergrund steht die praktische Arbeit, denn die Mehrzahl der Freiwilligen steht der Kirche eher kritisch gegenüber oder hat sogar überhaupt kein Interesse an Religion. Etwa 30 bis 50 Helfer[66] unterhalten darüber hinaus eine Nachmittagsschule und bieten den Kindern diverse Freizeitmöglichkeiten an wie Sport oder verschiedene Spiele. Den Sommer dürfen die Kinder im Haus *Baucina* auf dem Lande verbringen.

Die genannten Aktivitäten sollen dazu dienen, die Kinder „von der Straße zu holen" und sie somit dem Einfluß der Mafia zu entziehen. Berühmt wurde Don Paolo, als er öffentlich darüber nachdachte, das Beichtgeheimnis zu lüften und ihm von *mafiosi* anvertraute Geheimnisse an die Ermittlungsrichter weiterzugeben[67]. Sowohl das Sozialzentrum als auch Don Paolo selbst mußten und müssen immer noch Sanktionen der Mafia hinnehmen: Im Sozialzentrum werden häufig Fenster und Türen zerstört oder tote Mäuse vor den Eingang gelegt. Vor dem Kirchenportal wurden in der Vergangenheit mehrfach Bomben deponiert. 1994 wurde während einer Prozession ein Attentat auf den Pfarrer verübt, bei dem sechs

---

[66] Die Zahl der Mitarbeiter schwankt stets, da Don Paolo Turturro auf die Hilfe Freiwilliger angewiesen ist.

[67] Es gab eine Zeit, in der Don Paolo Turturro von den *mafiosi* durchaus respektiert wurde und sie bei ihm sogar die Beichte ablegten.

Schüsse auf ihn abgegeben wurden. Nur die schnelle Reaktionsfähigkeit eines Polizisten rettete Don Paolo das Leben. Don Paolo Turturro weiß, daß er auf der Todesliste der Cosa Nostra steht. Seit dem Attentat ist er als einziger Pfarrer Italiens von zwei Leibwächtern – abgeordnet von der italienischen Polizei – umgeben und er kann das mit hohen Mauern und Stacheldraht umgebene Zentrum nur im gepanzerten Fahrzeug verlassen. Die Mafia will Pater Paolo Turturro töten, weil er durch seine erfolgreiche Arbeit, die ihn bei den Kinder und Jugendlichen seines Viertels äußerst beliebt macht, der Cosa Nostra den Nachwuchs entzieht. Bei dem Besuch im Sozialzentrum sagte ein Junge auf meine Frage, ob er sich wegen der Mafia Sorgen um Don Paolo mache, daß er Angst um ihn habe.

Don Paolo Turturro bemüht sich stets darum, seine Schützlinge durch eine kindgerechte Art und Weise auf die aktuellen Probleme aufmerksam zu machen. Er entwickelt dabei eine enorme Phantasie. Drogenaufklärungsarbeit leistete er beispielsweise, indem er Heroinspritzen, die in Kinderhände gelangt sind, gegen Eistorten, eintauschte. Da die Vermittlung von Werten wie Gewaltfreiheit das Hauptziel von *Dipingi la Pace* ist, initiierte Pater Turturro weitere einfallsreiche Projekte: Borgo Vecchio ist in der Nähe des Hafens gelegen, der als Umschlagplatz für Waffen dient. Somit haben die Kinder leicht Zugang zu dem gefährlichen „Spielzeug". Don Paolo forderte die Kinder auf, ihm Waffen, die in ihre Hände gelangt waren, zu geben. Diese wurden dann öffentlich auf der Piazza Ucciardone verbrannt und diese spektakuläre Aktion wurde sogar live im italienischen Fernsehen übertragen. Eine weitere Initiative stellte im Jahre 1990 der Tausch von Spielzeugpistolen gegen Fußbälle dar, welche die Kinder zusammen mit anderen Spielsachen traditionell am Tag der *Morti* [68]

---

[68] Italienisch: die Verstorbenen; der Tag der Allerseelen ist in Sizilien ein Feiertag, an dem die Kinder Geschenke von ihren Verwandten bekommen und die Familien veranstalten auf den Gräbern ihrer Angehörigen ein Picknick. In Sizilien sind Leben und Tod eng miteinander verbunden und das soll den Kindern hiermit gezeigt werden.

(Allerseelen) von ihren Verwandten geschenkt bekommen. Insgesamt 3000 italienische Fußballmannschaften hatten hierfür von ihren Spielern signierte Fußbälle gestiftet[69].

Centro Diaconale „La Noce" Istituto Valdese

Das *Centro Diaconale „La Noce" Istituto Valdese* ist eine Einrichtung der evangelischen Waldenserkirche am Rande des Zentrums von Palermo. Es liegt in dem von der Cosa Nostra streng kontrollierten Stadtviertel *La Noce*.

Adresse:
Centro Diaconale „La Noce" Istituto Valdese
Via Giovanni Evangelista Di Blasi, 8
90135 Palermo

Aus einer kleinen Gruppe im 12. Jahrhundert um Petrus Waldus (auch Waldes oder Valdo geschrieben), ein Kaufmann aus Lyon, ist nach schweren Kämpfen und grausamen Verfolgungen durch die damaligen Landesherren und Kirchenfürsten eine kleine, aber nicht unbedeutende Kirche der Reformation geworden. Auch heute noch ist diese Gemeinschaft mit etwa 30.000 Mitgliedern in Italien besonders im diakonischen und sozialdiakonischen Bereich engagiert. Die evangelische Kirchengemeinde „Waldenser" ist als Mitgliedskirche des Ökumenischen Rates der Kirchen mit den Kirchen in Europa verbunden (vgl. Lovisa 1994). „Lux lucet in tenebris", das Licht scheint in der Finsternis, lautet der Leitspruch der Waldenser und deshalb versuchen sie immer dort zu sein, wo es am dunkelsten ist.

Zum größten Teil wird das *Centro Diaconale „La Noce" Istituto Valdese* von der Organisation „Brot für die Welt" finanziert. Das Zentrum hat 1959 mit dem Bau einer Grundschule begonnen und auch heute noch gilt Kin-

---

[69] In Anlehnung an ein Gespräch mit Don Paolo Turturro im Oktober 2001 in seinem Sozialzentrum in Palermo.

dern und Jugendlichen der diakonische Einsatz. In vielfältiger Art wird versucht ihnen angepaßte Entwicklungsmöglichkeiten zu geben und sie zu verantwortungsvollen Bürgern zu erziehen, die fähig sind, sich der mafiosen Mentalität zu widersetzen.

Die Mitarbeiter und die Kinder im *Centro Diaconale „La Noce"* Istituto Valdese:

Der Kindergarten (*scuola dell'infanzia*) besteht aus vier Gruppen mit insgesamt 108 Kindern, die von vier Erzieherinnen und drei Assistentinnen betreut werden. In der Grundschule (*scuola di base* oder *scuola elementare*) sind in fünf Klassen insgesamt 108 Kinder, die von zwölf Lehrerinnen unterrichtet werden. Daneben ist eine weitere Lehrerin für die behinderten Kinder zuständig. Für den Kindergarten und die Grundschule sind noch drei Erzieherinnen im Bereich Kunst und Musik tätig. Darüber hinaus sind 22 Hauserzieherinnen teils stundenweise im Einsatz, die sich der Probleme in den Familien annehmen, vor allem die sozialer Natur und in der Beziehung Kind-Eltern, Eltern-Schule und Behörde liegender. In der Rehabilitation des Behindertenprogrammes sind drei Mitarbeiterinnen tätig. Hier werden Therapien in der Neuropsychomotorik und Logopädie durchgeführt. Dafür stehen ein Neuropsychiater, eine Logopädin und eine Heilpädagogin mit Assistentinnen zur Verfügung. Diese Arbeit wird von einer Psychologin begleitet und koordiniert. Außerdem ist das *Centro Diaconale „La Noce"* als Einsatzstelle für Zivildienstleistende anerkannt. Daneben bietet es auch eine mögliche Arbeitsstelle für Mädchen und junge Frauen, die ein Freiwilliges Soziales Jahr absolvieren möchten. Der Einsatz der Zivildienstleistenden wird über das Diakonische Werk der Evangelischen Kirche in Hessen und Nassau in Frankfurt und über die Badische Landeskirche abgewickelt. Die Absolventinnen des Freiwilligen Sozialen Jahres werden durch den „European Voluntary Service" ausgewählt, der aus Mitteln der Europäischen Union finanziert wird. Derzeit sind für ein Jahr drei Zivildienstleistende aus Deutschland und zwei junge Männer aus Italien im *Centro Diaconale* tätig. Sie werden zur Schulbusbegleitung, Unterstützung der Lehrer und Lehrerinnen, beim Küchendienst und im Reinigungsdienst abwechselnd eingesetzt. Einer der italienischen Zivildienstleistenden arbeitet in der Kleinkindergruppe *casa di batja*. Die vier Absolventinnen des Freiwilligen Sozialen Jahres kommen aus Spanien, Deutschland, Frankreich und Holland und arbeiten im Kindergarten und in der *casa di batja*.

Das *Centro Diaconale „La Noce"* setzt sich folgendermaßen zusammen:

Kindergarten und Grundschule:

Hier werden ganztägig auch behinderte, verhaltensauffällige und lern- und beziehungsgestörte Kinder betreut. Ein weiterer Schwerpunkt liegt in der interkulturellen Erziehung durch die Integration von Immigrantenkindern. Die Immigrantenkinder mit ihren Eltern kommen hauptsächlich aus Ghana, aber auch aus Sri Lanka und aus Mauritius. Die Betreuung dieser Kinder erfolgt durch Sonderpädagogen. Die Schule schließt um 14.30h. Anschließend findet das Mittagessen und die Hausaufgabenbetreuung durch die Lehrerinnen statt. Bei dem gemeinsamen Mittagessen lernen die Kinder, sozialen Umgang und soziale Kontakte zu pflegen.

Behindertenprogramm:

Das Behindertenprogramm führt Therapien sowohl für die Kinder des Zentrums als auch für Schüler von außerhalb durch. Die Neuropsychomotorik, Rehabilitation und Logopädie werden von einem Neurologen begleitet, der auch den Kontakt zu den Eltern pflegt.

Familiengruppen:

In den Familiengruppen *casa di batja* und *casa di mirti* leben ständig Kinder mit ihren Erzieherinnen und Erziehern, die vom Sozialamt oder den Jugendgerichten den Waldensern zugewiesen werden. Den unterschiedlichen Problemen begegnen die ErzieherInnen mit einem individuellen Erziehungsprogramm, um den Kindern reale Entwicklungsmöglichkeiten zu bieten. Die Wohngruppe *casa di batja* ist nach der ägyptischen Prinzessin Batja benannt, die der Bibel nach das ausgesetzte Mosesbaby aus dem Schilf gezogen hat. Die Wohngruppe wurde im Jahr 1997 gegründet und beherbergt Säuglinge und Kleinkinder im Alter bis zu fünf Jahren – manchmal auch deren Mütter. Die *casa di mirti* arbeitet nach denselben Prinzipien und hier leben Kinder von sechs bis vierzehn Jahre. In den Wohngruppen werden ausgesetzte Säuglinge, Kleinkinder, die zur Adoption freigegeben werden (casa di batja), oder Kinder, für die eine Pflegefamilie gesucht wird (casa di mirti), aufgenommen[70].

Hauserziehungsdienst:

Der Hauserziehungsdienst ist ein Pilotprojekt in der Stadt Palermo. In Zusammenarbeit mit dem Sozialamt wird hier Familien geholfen, Kontakt mit den Behörden und Ämtern aufzunehmen. Den Kindern im Alter von zehn bis 15 Jahren soll in erster Linie ein geregelter und erfolgreicher Schulbesuch ermöglicht werden. In schwerwiegenden Fällen kann der Hauserziehungsdienst die Jugendlichen vor einem drohenden Gerichtsprozeß oder einem bevorstehenden Gefängnisaufenthalt bewahren. Den SozialarbeiterInnen werden die nach Hilfe in der Erziehung bedürftigen Familien von der Kommune genannt. Die Waldenser können dann entscheiden, ob sie den Fall betreuen werden oder nicht. Es finden von Anfang an Gespräche mit den Jugendlichen statt und erst wenn diese mit dem Vorhaben der SozialarbeiterInnen einverstanden sind, beginnen diese mit ihrer Arbeit.

Arbeitsgemeinschaften:

An den nachmittags stattfindenden Arbeitsgemeinschaften können auch Kinder aus den umliegenden Stadtteilen teilnehmen. In Keramik-, Mosaik-, Musik-, Englisch- und Computerkursen haben sie die Möglichkeit, sich kreativ zu betätigen. Auch Immigrantenkinder werden hier betreut, um ihnen in Form von Italienischkursen einen Zugang zur italienischen Kultur zu verschaffen und die Eingliederung in die Schulen zu vereinfachen.

---

[70] Inzwischen wurden die Verträge zur finanziellen Unterstützung der Familiengruppen rückwirkend von der Stadt Palermo gekündigt, so daß casa di batja und casa di mirti vermutlich geschlossen werden müssen.

Foresteria:

Die *Foresteria* ist ein Gästehaus, das sich inmitten des *Centro Diaconale* befindet. Sie wurde im November 1998 eingeweiht. Hier haben Gruppen, Familien und Einzelreisende die Möglichkeit, einen Einblick in die Arbeit der Waldenser zu bekommen. Es ist möglich, als Gruppe Tagungen oder Konferenzen in den Räumlichkeiten des *Centro Diaconale* abzuhalten. Außerdem wird hier am Wochenende der Gottesdienst gefeiert. Die Räume der *Foresteria* dienen auch als Treffpunkt für die afrikanisch-sizilianische Gemeinde: für Bibelabende, Chor, Gottesdienste und Gemeindefeste. Daneben stellt die *Foresteria* eine lukrative Einnahmequelle dar.

Weiterbildungskurse für Pädagogen und Psychologen:

Neben den ständig laufenden Fortbildungskursen für ihre eigenen Mitarbeiter bieten die Waldenser seit einigen Jahren auch Fort- und Weiterbildungskurse für Pädagogen und Psychologen an. Gestaltet werden die Kurse sowohl von Experten aus der Praxis der Sozialarbeit als auch von Experten der Universität Palermo. Die Kurse finden alle zwei Wochen in *Centro Diaconale* statt und können von Personen mit Ausbildungsabschlüssen aus dem sozialpädagogischen Bereich und auch von Studenten der höheren Semester der entsprechenden Fachrichtungen besucht werden. Praktika im Hause mit Supervisoren begleiten die theoretischen Teile dieser Kurse. Die Finanzierung erfolgt durch die Kursteilnehmer selbst, wovon das Zentrum natürlich profitiert. Mit dieser Arbeit sollen die Vorstellungen der Waldenser von pluralistischer, demokratischer Erziehung gerade in Süditalien nicht über den Weg der Schule bekannt, sondern direkt zugänglich gemacht werden. Die Waldenser verstehen die im erzieherischen Bereich arbeitenden Menschen als Multiplikatoren.

Die wichtigsten Erziehungsziele der Einrichtung sind:
- Unterschiedliche soziale Schichten sollen miteinander aufwachsen: Da die dem *Centro Diaconale* „La Noce" angegliederte Schule eine Privatschule ist, muß hier Schulgeld bezahlt werden.

Die Höhe des Schulgeldes richtet sich nach den Einkommens- und Vermögensverhältnissen der Eltern. „Reiche" Eltern, die das volle Schulgeld bezahlen können, zahlen pro Jahr ehemals 3.450.000 Lire (entspricht in etwa 1780 Euro). Weniger begüterte Eltern bezahlen einen Teilbetrag hiervon – der an ihre finanziellen Verhältnisse angepaßt ist – und mittellose Eltern zahlen einen „Anerkennungsbeitrag" von ehemals 30.000 Lire (entspricht in etwa 15 Euro) pro Jahr. Die fehlenden Beträge werden durch Stipendien ergänzt, die zum einen vom Sozialamt, zum anderen aus Spenden und oftmals auch aus Eigenmitteln, die zum Beispiel durch die *Foresteria* erwirtschaftet werden, stammen. So soll sichergestellt sein, daß das Sozialgefüge in den einzelnen Klassen erhalten bleibt und einigermaßen homogen ist. Etwa 10% der Kinder kommen aus der Unterschicht.

- „Multikulturelles Leben" als Projekt in der Schule: In jeder Klasse sind zwei oder drei Kinder aus Immigrantenfamilien. Diese bezahlen umgerechnet etwa 15 Euro Schulgeld pro Monat. Die Kinder sollen die Religion, die Werte, Normen und Eigen- und Andersheiten verschiedener Kulturen kennen- und schätzenlernen. Das Erziehungsziel könnte auch „Toleranz" oder „Akzeptanz" heißen.

Die Schule muß sich zunächst an den vorgegebenen Lehrplan des italienischen Kultusministeriums halten, wie es in Deutschland auch üblich ist. Darüber hinaus versuchen die MitarbeiterInnen des *Centro Diaconale „La Noce"*, die Kinder gewaltfrei und verantwortungsvoll gegenüber sich selbst, ihren Mitschülern und der Umwelt zu erziehen. Gerade dieses Thema ist in Italien und besonders in Sizilien noch unterentwickelt oder wird in den Schulen gar nicht angesprochen. Dazu gehört es auch zu lernen, sich der mafiosen Mentalität zu widersetzen, die sich im alltäglichen Leben in vielfacher Weise durch diverse Beziehungsgeflechte und Korruption widerspiegelt. Ein weiterer Schwerpunkt liegt in der Kunsterziehung oder die Veranstaltung gemeinsamer Aktivitäten durch Ausflüge, Besuche von öffentlichen Einrichtungen und Aufführungen bei Schulfesten. Vor allem diese Aktivitäten sollen das Wir- bzw. Gemeinschaftsgefühl fördern und der Kontakt mit den Eltern kann gepflegt werden. Die Hauptaufgabe der ErzienerInnen liegt natürlich in der Vermittlung des Lehrstoffes und daneben auch in der besonderen Betreuung der „lernschwächeren" Schüler. Außerdem bieten sie nachmittags den Schülern Betreuung und Nachhilfe bei den Hausaufgaben an.[71]

Centro Padre Nostro

Das Sozialzentrum *Padre Nostro* liegt in dem von der Mafia am strengsten kontrollierten Stadtviertel Palermos, Brancaccio.

Adresse:
Associazione Centro di Accoglienza Padre Nostro
Via Brancaccio, 461
90124 Palermo

Am 15. September 1993 hielt ganz Palermo den Atem an. Die Cosa Nostra verstieß erstmals gegen ihr Gebot, keinen Priester außerhalb der Mafia zu töten. Denn ein *mafioso* tötete Padre Giuseppe Puglisi, einen Priester von San Gaetano, vor dessen Haus im Stadtviertel Brancaccio, in Palermo (vgl. City Of Palermo & Tuscan Region 1999). Padre Puglisi kam gerade von der Kirche nach Hause. Es war sein Geburtstag. Als ihm der Killer die Pistole an den Kopf hielt soll Padre Puglisi mit einem Lächeln gesagt haben: „Das habe ich erwartet." (nach Aussage des Killers bei seinem Prozeß) (vgl. Von Gunten 2001)[72].

---

[71] Diese Angaben sind der Broschüre „Eine Einrichtung der Waldenserkirche Centro Diaconale 'La Noce'", o.J., entnommen und wurden durch Gespräche mit Herrn Gerhard Nölle und der Direktorin Frau Alessandra Trotta im Oktober 2001 im *Centro Diaconale „La Noce" Istituto Valdese* ergänzt.

[72] Im September 2002 wurde ich von Maurizio Artale eingeladen, an einer feierlichen Enthüllung eines Denkmals an Padre Puglisi an dem Ort, an dem er getötet wurde, teilzunehmen. Es war ein spektakuläres Medienereignis, an dem sogar hochrangige Politiker teilnahmen. Man hat gemerkt, daß Pino Puglisi in Brancaccio nicht vergessen wurde.

Wie viele andere Geistliche, die sich durch ihre Antimafiaarbeit großer Gefahr aussetzen, wollte Don Giuseppe Puglisi mit seiner Mission den Jugendlichen, Drogensüchtigen und Aussteigern aus der Gesellschaft helfen. Er arbeitete gegen die Gewalt und Herrschaft der Mafia. Deshalb war er unbequem für die Cosa Nostra. Zum ersten Mal wurde ein Priester getötet, der auf derselben Seite wie Falcone und Borsellino stand. Don Giuseppe Puglisi war kein Einzelkämpfer. Nach seinem Tod schrieben acht Priester, die dieselbe Glaubensüberzeugung wie Don Giuseppe Puglisi hatten und diese auch aktiv vertraten, einen öffentlichen Brief an den Papst, um ihn um Unterstützung zu bitten. Auf der einen Seite gab und gibt es immer noch mutige Geistliche, die aktiv gegen die Mafia kämpfen; auf der anderen Seite bestehen bis heute Beziehungen zwischen der Kirche und der Mafia (vgl. City Of Palermo & Tuscan Region 1999). Im Jahre 1993 wurde das *Centro Padre Nostro* von Pater Giuseppe Puglisi in Brancaccio trotz zahlreicher Warnungen von Seiten der Mafia gegründet. Das war Grund genug für die Brüder Graviani – damals vorherrschender Mafia-Clan in Brancaccio – den Mordauftrag an Puglisi zu erteilen. Denn dieser brachte den Kindern Kultur bei und wo Kultur ist, kann es keine Mafia-Kultur geben (vgl. Von Gunten 2001).

Die Struktur des Zentrums und die Mitarbeiter:

Geleitet und verwaltet wird das *Centro Padre Nostro* seit dem 22. September 1999 von Don Mario Golesano, dem Vorstand. Maurizio Artale ist für das Projekt *Palermo e Svizzera abitano insieme*[73] verantwortlich und der Vertreter des Sozialzentrums in der Öffentlichkeit. Domenico De Lisi verwaltet die Finanzen und Ivana Mannone ist Sozialarbeiterin. Rosalba Razzano arbeitet als Sekretärin im Zentrum (vgl. Centro Padre Nostro: URL http://centropadrenostro.it/la_struttura.htm).

Das *Centro Padre Nostro* beschäftigt insgesamt 30 MitarbeiterInnen in folgenden Gruppen:
- Musiktherapie

---

[73] Italiensich: Palermo und die Schweiz leben zusammen

- Frauengruppe *Spazio Donna*, die psychologisch begleitet wird
- kulturelle Erziehung (*Educare alla cultura*)
- Fort- und Weiterbildungskurse (*Corso di Formazione*)
- Familienberatung (*Consultorio Familiare*)
- Sportgruppe
- Seniorengruppe (*Gruppo Anziani*)
- Sozialdienst (*Servizio Informazione Sociale*)
- Gruppe *Caritas*
  (vgl. Centro Padre Nostro: URL http://centropadrenostro.it/operatori.htm)

Das Projekt *Palermo e Svizzera abitano insieme*:

Maurizio Artale leitet das Projekt *Palermo e Svizzera abitano insieme*, bei dem dreizehn Kinder aus Brancaccio für eineinhalb Jahre im Kinderdorf Pestalozzi in Trogen (Appenzell), Schweiz, leben. Es ist ein Projekt, das die Kinder vor der *mala vita*, dem schlechten Leben in Brancaccio bewahren soll. Denn das Stadtviertel Brancaccio hat eine Arbeitslosenquote von 70% und 20% der Bewohner sind Analphabeten. In den 80er Jahren geschahen zehn Morde pro Jahr allein in Brancaccio. Die Kinder wachsen in Armut auf, ohne Schulabschluß und somit auch ohne Zukunftsperspektiven. Viele Kinder gehören schon jetzt zu verschiedenen Banden oder sie müssen mit zehn Jahren arbeiten. In fast allen Familien in Brancaccio wachsen die Kinder mit Gewalt in der Familie auf. Alle dreizehn Kinder, die am Projekt *Palermo e Svizzera abitano insieme* teilnehmen kommen aus Familien, die ihnen nicht genügend Halt geben können. Es sind teilweise Kinder, die auf der Straße leben und schon mit Kleinkriminalität in Berührung gekommen sind. Die Kinder gehen freiwillig und im Einverständnis ihrer Eltern nach Trogen. Die Initiative ging ursprünglich vom Bürgermeister und von der Stadtverwaltung Palermo aus. Die Stadtverwaltung finanziert das Pilotprojekt im Zuge der Antimafiabewegung.

Gründe, die für dieses Projekt sprechen:

- *Palermo e Svizzera abitano insieme* ist ein wichtiger Baustein der Antimafiabewegung, indem es versucht, der Mafia den Nachwuchs zu entziehen.
- Das Projekt bietet den Kindern eine Alternative zu ihrem bisherigen Leben und zugleich eine Zukunftsperspektive.
- Die Kinder haben die Möglichkeit, in „normalen" Verhältnissen aufzuwachsen, das heißt sie lernen alltägliche Dinge wie zum Beispiel Duschen oder ein Frühstück mit Milch, Käse und Joghurt kennen.
- Wichtig ist für die Kinder, daß sie einen Einblick in eine andere Welt gewinnen und ihnen ein Leben ohne Mafia und ohne Gewalt gezeigt wird.
- Die Kinder lernen andere Lebensgesetze als auf den Straßen Brancaccios kennen (zum Beispiel einen eigenen Haushalt gemeinsam zu führen oder ohne Gewalt, Drohungen und Angst miteinander umzugehen).
- Sie sollen lernen, Vertrauen zu gewinnen und auch zu geben als Basis des Miteinanders.
- Das Hauptziel von *Palermo e Svizzera abitano insieme*: Die Kinder haben in Trogen die Möglichkeit, die *terza media*[74] zu erlangen. Bei einigen Kindern ist eine regelrechte Einschulung nötig, da manche erst jetzt lesen lernen.

Viele Kinder haben erst in der Schweiz einen geregelten Tagesablauf kennen gelernt. Sie werden von ihren BetreuerInnen geweckt und nehmen gemeinsam das Frühstück ein. Danach gehen sie zur Schule. Mittags wird zusammen ein Tischgebet gesprochen und danach gegessen. Die Kinder haben abwechselnd Küchendienst und der Nachmittag steht ihnen nach Erledigen der Hausaufgaben zur freien Verfügung. Auch am Abend wird gemeinsam gegessen und der Küchendienst erledigt. Begleitet werden die Kinder von vier BetreuerInnen, LehrerInnen und Psy-

---

[74] *Terza media* bezeichnet den italienischen Schulabschluß nach der siebten Klasse, der vergleichbar mit dem qualifizierenden Hauptschulabschluß in Deutschland ist.

chologen. Leni Robert ist die Stiftungspräsidentin des Kinderdorfes Pestalozzi und Maurizio Artale kommt fast jeden Monat für einige Tage nach Trogen, um den Kontakt nach Palermo aufrecht zu erhalten. Besonders wichtig ist für die Kinder, daß sie in Trogen immer wieder offen über ihre Erlebnisse in Brancaccio, über die *ómerta* und über die Cosa Nostra sprechen können. Marcella Carbone, Lehrerin in Trogen, sagt: „Am Anfang erschraken wir, als wir diese Kinder sahen. Wir haben ganz grob Fleisch bekommen und mußten daraus Kinder machen" (Von Gunten 2001).

Aber dieses Projekt hat auch Kritiker, die es nicht für richtig halten, den Kindern erst das Paradies zu zeigen und sie nach eineinhalb Jahren wieder in die Hölle zurück zu schicken. Maurizio Artale stellt daraufhin folgende Frage in den Raum: „Erleben die Kinder ein größeres Trauma, wenn sie von Trogen zurückkommen oder wenn sie immer in Brancaccio bleiben?" (Von Gunten 2001). Nach eineinhalb Jahren zeigen die Kinder ein völlig anderes Sozialverhalten und sie haben gelernt, ohne Gewalt miteinander zu leben und Streitigkeiten gewaltfrei auszutragen. Das Projekt endet mit den Prüfungen der *terza media*. Diese Abschlußprüfungen finden in einer staatlichen Schule in Sankt Gallen statt nach staatlichen italienischen Normen. Doch aufgrund ihrer schulischen Defizite bekommen die Kinder ein spezielles Prüfungsprogramm mit extra angereisten italienischen Prüfungsexperten. Bis jetzt haben alle Kinder dank ihrer sorgfältigen Vorbereitungen die *terza media* erreicht (vgl. Von Gunten 2001)[75].

---

[75] Wie ich im März 2002 von Maurizio Artale erfahren konte, wurden mehr als 200 Kinder in die Schweiz geschickt. Das Projekt war überaus erfolgreich, da viele Kinder daraufhin so motiviert waren, daß sie eine Ausbildung beginnen konnten. Trotzdem wurde *Palermo e Svizzera abitano insieme* inzwischen (vermutlich aus finanziellen Gründen) eingestellt.

Gemeinsamkeiten und Unterschiede in der Stadtteilarbeit

Der Erfolg der Aufklärungsarbeit in den Schulen zeichnet sich auch dadurch aus, daß nahezu alle Kinder in Sizilien wissen, wer Giovanni Falcone und Paolo Borsellino waren, wofür sie gekämpft haben und warum sie gestorben sind (vgl. Jamieson 2000: S.152).

Alle hier vorgestellten Einrichtungen bemühen sich auf unterschiedliche Art darum, der sizilianischen Mafia den Nachwuchs zu entziehen. Den Mitarbeitern ist durchaus bewußt, daß sie mit Kindern und Jugendlichen arbeiten. Dementsprechend gehen sie auch mit ihnen um. Kein Kind oder Jugendlicher wird gezwungen, eine dieser Institutionen zu besuchen – die Entscheidung ist ihnen selbst überlassen. Allerdings setzen sich viele Mitarbeiter einer großen Gefahr aus, um möglichst viele Kinder und Jugendliche vor den Fängen der Cosa Nostra zu schützen, allen voran Turturro.

Aufklärungsarbeit in den Schulen betreiben die hier vorgestellten Einrichtungen auf relativ unterschiedliche Weise. Die Mitarbeiter der Initiative *Palermo apre le porte* des Antimafiadachverbandes *Palermo Anno Uno* wollen den Kindern „ihre" Stadt bewußt machen und sie somit dazu auffordern, für Palermo in gewisser Weise Verantwortung zu übernehmen. Ziel ist es, gemeinsam mit den Kindern die Kontrolle über ein Territorium, das in den Händen der Mafia liegt, wiederzugewinnen. Die Frauen der *Associazione donne siciliane per la lotta contro la mafia* wollen in erster Linie mit den Kindern- und Jugendlichen in den Schulen ins Gespräch kommen. Meistens erzählen die Frauen den Schülern ihre persönliche Geschichte oder tauschen Informationen aus, um ein „antimafioses" Denken bei den Kindern zu fördern. Das *Centro Siciliano di Documentazione „Giuseppe Impastato"* konzentriert sich in erster Linie auf Forschungs- und Dokumentationsarbeit. Es setzt auf die Bereitstellung von ihnen erarbeiteten didaktischen Materials für Schulen und Universitäten, um den Diaolg zwischen Lehrern und Schülern bzw. Studenten zu fördern.

Die Ziele der unterschiedlichen Stadtteilsozialzentren sind sehr ähnlich. Es gibt aber Unterschiede zwischen den Schwerpunkten der einzelnen Einrichtungen. Generell wird in allen vorgestellten Institutionen Wert auf (Schul-) Bildung gelegt und auch Beschäftigungsprogramme außerhalb der Schule werden angeboten. Es gibt allerdings Unterschiede in der Arbeitsweise der einzelnen Mitarbeiter und Mitarbeiterinnen: Pater Don Paolo Turturro und seine MitarbeiterInnen sehen ihre Aufgabe vor allem in der Betreuung derjenigen Kinder und Jugendlichen, die schon erste Kontakte mit der Mafia geknüpft haben (beispielsweise indem sie zusammen mit ihren Vätern, ihren Brüdern oder sogar alleine mit Drogen für die Mafia dealen). Don Turturro geht es hauptsächlich darum, den Kindern eine Alternative zum *ambiente mafioso* zu bieten und ihnen die Wichtigkeit eines Schulabschlusses zu zeigen. Er will die Kinder von der Straße holen und somit verhindern, daß die Kinder noch weiter „abrutschen". Das versucht er, indem er spektakuläre Aktionen veranstaltete wie zum Beispiel die öffentliche Verbrennung von Spielzeugpistolen oder den Tausch von Heroinspritzen, die in Kinderhände gelangt waren, gegen Eistorten. Den MitarbeiterInnen des *Centro Diaconale „La Noce" Istituto Valdese* liegt besonders die Präventionsarbeit am Herzen. Für sie ist es wichtig, über das Thema „Mafia" mit den Kindern und Jugendlichen zu sprechen und sie von der „ehrenwerten Gesellschaft" von vorne herein fernzuhalten. Außerdem bieten sie Weiterbildungskurse für Pädagogen und Psychologen an, um sie für die Antimafiaarbeit zu qualifizieren. Das einzige pädagogische Projekt außerhalb Palermos bietet das *Centro Padre Nostro* an, nämlich *Palermo e Svizzera abitano insieme*. Bei dem Projekt geht es darum, daß die Kinder – vielleicht zum einzigen Mal – für einen begrenzten Zeitraum in einer Welt ohne Mafia leben.

Zusammenfassung und abschließende Stellungnahme

Zusammenfassend werden noch einmal die in der Einleitung gestellten Fragen beantwortet.

Wie ist eine Mafiafamilie aufgebaut und wie verteilen sich im Gegensatz dazu die Rollen innerhalb einer mafiosen Familie in der sizilianischen Mafia?

Eine sizilianische Mafiafamilie ist pyramidenförmig aufgebaut und besteht formell ganz aus Männern, die meistens „nur" rituell verwandt sind. Der *capofamiglia* bildet zusammen mit seinem Stellvertreter, dem *vicecapo*, und einem eventuellen Berater, *consigliere* genannt, die oberste Stufe. Sie ernennen gemeinsam einen oder mehrere *capidecina*, welche jeweils eine Gruppe von bis zu zehn *soldati*, die unterste Stufe der Mafiafamilie, auch *picciotti* genannt, anführen. Dagegen besteht eine mafiose Familie traditionell aus Vater, Mutter und in der Regel mehreren Kindern (am liebsten Söhnen). In der mafiosen Familie sind die Rollen folgendermaßen aufgeteilt: Der Vater ist der Ernährer sowie der Repräsentant der Familie und darüber hinaus noch „seiner" Mafiafamilie verpflichtet. Die Mutter ist formell von den Aktivitäten der Mafia ausgeschlossen, da sie eine Frau ist. Ihr fallen in erster Linie die Aufgaben der Haushaltsführung und der Kindererziehung zu. Die Mutter hat ihren Kindern – neben den traditionellen geschlechtsspezifischen Aufgaben – bestimmte Werte, wie etwa die Verachtung des Staates inklusive aller seiner Vertreter, die *omertá* oder die Pflicht zur *vendetta* zu vermitteln. Die Söhne werden in erster Linie geboren, um dem Vater bei seinen ökonomischen Aktivitäten innerhalb der Mafia zur Hand zu gehen und einmal seine Nachfolge anzutreten. Die Tochter ist dazu bestimmt, durch eine strategisch geschickte Heirat die bestehende Familie zu stärken und bestenfalls zu vergrößern.

Nach welchen Idealen werden Kinder erzogen, damit sie ein anerkanntes Mitglied in der „ehrenwerten Gesellschaft" sein können?

Bei Mafiaerziehung spielt der amoralische Familismus und die Erhaltung und Verteidigung der eigenen Ehre und der Ehre der gesamten Familie eine wesentliche Rolle. Die Kinder werden dazu erzogen, die Familie sowie auch die Mafiafamilie zu achten und das Gesetz der *omertá* zu respektieren. Daneben wird es einmal ihre Aufgabe sein – vor allem die der Jungen – die *vendetta* durchzuführen, und die Interessen der verstorbenen Mitglieder der „ehrenwerten Gesellschaft" weiterhin zu vertreten. Dabei ist es nicht notwendig, einen Schulabschluß zu erreichen oder eine Ausbildung zu machen, denn für die Kinder ist eine „Karriere" innerhalb der Mafia vorgesehen und Bildung ist Gift für die Cosa Nostra. Um eine erfolgreiche „Karriere" zu absolvieren, lernen die Kinder schon früh, Gewalt statt Diskussionen als Mittel der Sprache einzusetzen, Gewinn an Geld und Macht als absoluten Wert anzusehen, was oft mit der Ausbeutung der sozial schwachen Schicht einhergeht (konkurrierender Individualismus). Der Vater dient für die Söhne als Vorbild. So sollen die Jungen lernen, sich wie „kleine Machos" zu benehmen und den Mädchen wird beigebracht, „den Mann zu achten".

Mit welchen Mitteln und Maßnahmen will die Antimafia die „ehrenwerte Gesellschaft" bekämpfen?

Die Antimafia versucht auf vielfältige Weise, gegen die Cosa Nostra zu kämpfen. Das geschieht hauptsächlich auf politischer Ebene (Antimafiagesetz, Antimafiapolitik) und auf sozialer Ebene (Aufklärungsarbeit in den Schulen, Stadtteilsozialzentren). Dabei streben die Organisationen, die in sozialen Bereichen tätig sind, in erster Linie die Vorbeugung krimineller Aktivitäten durch Sozialarbeit sowie erzieherische und kulturelle Mittel an. Die politisch engagierten Gruppen dagegen zielen auf eine Sensibilisierung der Gesellschaft und die Schaffung einer Antimafiagesinnung durch die Verbreitung von Informationen oder die Organisation von Protestveranstaltungen ab.

Welche Erziehungsziele haben Einrichtungen, die versuchen, die Kinder und Jugendlichen vor den Fängen der sizilianischen Mafia zu bewahren? Das Hauptziel der Kinder- und Jugendarbeit der Antimafiaaktivisten ist es, der Mafia den Nachwuchs zu entziehen. Kinder- und Jugendarbeit vollzieht sich vor allem durch Aufklärungsarbeit in den Schulen und Stadtteilarbeit. Ziel der Aufklärungsarbeit in den Schulen ist die Schaffung einer Antimafiagesinnung bei den Kindern und Jugendlichen durch erzieherische und kulturelle Mittel. Die Stadtteilsozialzentren dagegen bemühen sich vor allem um das Aufholen schulischer Defizite, sie wollen den Kindern eine sinnvolle Freizeitgestaltung bieten und versuchen eine Erziehung hin zur Gewaltfreiheit. Daneben ist es ihnen auch wichtig, Drogenaufklärungs- bzw. Suchtpräventionsarbeit zu leisten und den Jugendlichen unter Umständen eine berufliche Weiterbildung zu ermöglichen.

Obwohl es auf den ersten Blick so erscheinen mag, sind die Kinder und Jugendlichen, an die sich die in dieser Arbeit vorgestellten Antimafiaeinrichtungen wenden, keine homogene Gruppe. Denn sie haben alle in unterschiedlicher Art ihre Erfahrungen mit der sizilianischen Mafia gemacht. Entweder sie stammen selbst aus einer mafiosen Familie oder ihr Leben spielt sich auf den Straßen der Armenviertel ab und sie kommen so unweigerlich mit der Cosa Nostra in Kontakt. Darauf sollte bei der Antimafiaerziehung Rücksicht genommen werden. Alle Kinder haben unterschiedliche Charaktere. Die einen sind sehr extrovertiert und freuen sich, wenn die Aufmerksamkeit auf sie gelenkt wird, wiederum andere sind – vielleicht aufgrund ihrer Erlebnisse mit der Mafia – sehr zurückhaltend und brauchen etwas mehr Ermunterung zur Teilnahme an diversen Aktivitäten. Doch diese Kinder haben in jedem Fall Gesprächsbedarf, der aufgrund der personellen Situation in den meisten Einrichtungen nicht gedeckt werden kann. Die personelle Situation hängt natürlich vor allem mit den begrenzten finanziellen Mitteln zusammen. Und das ist das Problem der Einrichtungen, die nicht staatlich finanziert werden und auf die Arbeit von Freiwilligen und unterschiedlichen Geldgebern angewiesen sind. Das Projekt *Palermo e Svizzera abitano insieme* des *Centro Padre*

Nostro zeigt, daß es zwar gute Ideen gibt, es aber nicht leicht ist, diese zu finanzieren. Mit Ausnahme des *Centro Diaconale „La Noce" Istituto Valdese* fällt auf, daß wohl aus finanziellen Gründen in den Sozialzentren kaum ausgebildete Pädagogen bzw. Psychologen arbeiten, aber nahezu alle freiwilligen Helfer pädagogischen und psychologische Aufgaben übernehmen. Diese arbeiten hier nicht aufgrund ihrer Ausbildung, sondern weil sie sich dazu berufen fühlen, ungeachtet der Gefahr, der sie sich aussetzen.

Die Politik und die Rechtssprechung sind für die Beseitigung der Cosa Nostra zuständig. Aber sie allein rufen noch keinen Gesinnungswandel bei den *mafiosi* hervor. Mit Ausnahme der *pentiti* läßt sich an dem Bewußtsein der *mafiosi* der vorherigen Generation nicht viel verändern. Und ohne pädagogische Gegenmaßnahmen wird sich auch bei den Kindern und Jugendlichen in dieser Beziehung nichts ändern. Deshalb ist es wichtig, mit Antimafiaarbeit vor allem bei den Kindern anzusetzen, denn die Hoffnung nach Veränderung liegt in der nächsten Generation. Nur sie kann langfristig versuchen, die *societá mafiogena* zu bekämpfen.

Die Mafia mordet, aber die Hoffnung darf nicht sterben.

Literaturverzeichnis

ANONYMUS (1989): Mein Leben für die Mafia. Der Lebensbericht eines ehrbaren anonymen Sizilianers. Hamburg. Titel der italienischen Originalausgabe: Uomo di rispetto

ARLACCHI, Pino (1989): Mafiose Ethik und der Geist des Kapitalismus. Die unternehmerische Mafia. Frankfurt am Main. Titel der italienischen Originalausgabe: La mafia imprenditrice. L'etica mafiosa e lo spirito del capitalismo

BANFIELD, Edward (1967): The Moral Basis of a Backward Society. New York

BESTLER, Anita (Juni/Juli 2000): Chancen und Grenzen lokaler Bewegung – Die Antimafiabewegung in Palermo. Vortrag im Rahmen des Arbeitskreises „Soziale Bewegungen" der DVPW Workshoptagung „Politische Partizipation und Protestmobilisierung im Zeitalter der Globalisierung" im Wissenschaftszentrum Berlin, Workshop III: Stadt und politische Beteiligung nach 2000, Berlin

BESTLER, Anita (2001a): Eine sizilianische Familie. Unveröffentlichtes Manuskript, Palermo

BESTLER, Anita (2001b): Organisationen und Aktivitäten der Mafia und Antimafia. Unveröffentlichtes Manuskript, Palermo

BONAVITA, Petra (1993): Donna Sicilia. Sizilianische Frauen gegen Mafia, Tradition und Gewalt. Pfaffenweiler. Aus der Reihe: Frauen – Gesellschaft – Kritik, Band 13.

BORNEFELD, Andreas: Der Kampf gegen die Mafia. WWW-Dokument, entnommen am 17. Juni 2001.
URL http://privat.schlund.de/b/ bornefeld/mafia/ita-justiz.htm

BRÜTTING, Richard (1997): Italien-Lexikon. Berlin

CAPONNETTO, Antonino & SAVERIO, Lodato (1993): Die Antimafia. Wie dem organisierten Verbrechen der Prozeß gemacht werden kann. München. Titel der italienischen Originalausgabe: I Miei Giorni a Palermo

CASARRUBEA, Giuseppe & BLANDANO, Pia (1991): L' educazione mafiosa. Strutture sociali e processi di identitá. Palermo

CASELLA, Barbara (2001): Frauen und Mafia. Weibliche Lebenswege zwischen „Tradition" und „Moderne". Unveröffentlichte Diplomarbeit, Regensburg

CAVADI, Augusto: Education. In: CITY OF PALERMO & TUSCAN REGION (1999): The Mafia. 150 Years of Facts, Figures and Faces. Stories, documents, essays, films, testimonies, cinema, literature, photographs. CD-ROM

CENTRO DIACONALE „LA NOCE" ISTITUTO VALDESE: Eine Einrichtung der Waldenserkirche. Broschüre des Centro Diaconale „La Noce" Istituto Valdese

CENTRO PADRE NOSTRO: WWW-Dokument, entnommen am 12. August 2001.
URL http:// centropadrenostro.it/la_ struttura.htm

CENTRO PADRE NOSTRO: WWW-Dokument, entnommen am 12. August 2001. URL http://centropadrenostro.it/ operatori.htm

CITY OF PALERMO & TUSCAN REGION (1999): The Mafia. 150 Years of Facts, Figures and Faces. Stories, documents, essays, films, testimonies, cinema, literature, photographs. CD-ROM

COHEN, Albert K. & SHORT, James F. (1979): Zur Erforschung delinquenter Subkulturen. In: SACK, Fritz & KÖNIG, René (Hrsg.): Kriminalsoziologie. Wiesbaden, S. 372-394

CORRENTI, Santi (1987): Il miglior perdono é la vendetta. Storia e dizionario del linguaggio mafioso. Mailand

CORRENTI, Santi (1999) : Storia della Sicilia. Rom

CRISANTINO, Amelia (1994) : Capire la mafia. Palermo

DEXEL, Klaus (1997): Mit Bildern gegen die Mafia. Oliviero Toscani fotografiert die Kinder von Corleone. Bechert & Dexel FS-Programme GbR in Zusammenarbeit mit dem Bayerischen Rundfunk

FALCONE, Giovanni & PADOVANI, Marcelle (1992): Inside Mafia. 3.Auflage. München. Titel der französischen Originalausgabe: Cosa Nostra

GAMBETTA, Diego (1992): La mafia siciliana. Un'industria della protezione privata. Turin

GAMBETTA, Diego (1994): Die Firma der Paten. Die sizilianische Mafia und ihre Geschäftspraktiken. Cambridge, Mass.

GILMORE, David D. (1993): Mythos Mann. Wie Männer gemacht werden. Rollen, Rituale, Leitbilder. München. Titel der amerikanischen Originalausgabe: Manhood in the Making. Cultural Concepts of Masculinity

GIORDANO, Christian (1992): Die Betrogenen der Geschichte. Überlagerungsmentalität und Überlagerungsrationalität in mediterranen Gesellschaften. Frankfurt am Main, New York

VON GUNTEN, Matthias (2001): Von Palermo nach Trogen. Ein Versuch, der Mafia den Nachwuchs zu entziehen. MVG Filmproduktion in Zusammenarbeit mit 3sat

HESS, Henner (1970): Mafia. Zentrale Herrschaft und lokale Gegenmacht. Heidelberger Sociologica 8. Tübingen

HESS, Henner (1988): Mafia. Tübingen

HESS, Henner (1990): Die sizilianische Mafia: ein Beispiel der Männerwelt des organisierten Verbrechens. In: VÖGLER, Gisela & VON WELCK, Karin: Männerbande – Männerbünde. Zur Rolle des Mannes im Kulturvergleich. Band 1. Zweibändige Materialiensammlung zu einer Ausstellung des Rautenstrauch-Joest-Museums für Völkerkunde in der Josef-Haubrich-Kunsthalle Köln vom 23. März bis 17. Juni 1990

HISTORISCHES INSTITUT DER RWTH AACHEN (2001): Mafia. WWW-Dokument, entnommen am 06. November 2001. URL http://histinst.rwth-aachen.de/lexikon/mafia/mafia.htm

JAMIESON, Alison (2000): The Antimafia. Italy's Fight against Organized Crime. New York

KLIEZ, Edith (1998): Ich, die Frau des Paten. Als Deutsche in der Mafia. Berlin

LONGRIGG, Clare (2000): Die Patinnen. Frauen der Mafia. München. Titel der englischen Originalausgabe: Mafia Women

LOVISA, Barbro (1994): Italienische Waldenser und das protestantische Deutschland 1655 bis 1989. Aus der Reihe: Kirche und Konfession. Veröffentlichungen des Konfessionskundlichen Instituts des Evangelischen Bundes, Band 35. Göttingen

MESSINA, Giuseppe L. (1990): L'etimologia di „Mafia", „Camorra" e „'Ndrángheta". Acireale

MILLER, Walter B. (1979): Die Kultur der Unterschicht als ein Entstehungsmilieu für Bandendelinquenz. In: SACK, Fritz & KÖNIG, René (Hrsg.): Kriminalsoziologie. Wiesbaden, S. 339-359

PITRE, Giuseppe (1969): Usi, costumi e pregiudizi del popolo siciliano. Band 2. Bologna

PITT-RIVERS, Julian (1968): Honour. In: International Encyclopedia of the Social Sciences. Band 6, S. 503-510

PRINCIPATO, Teresa: Women and Bias. In: CITY OF PALERMO & TUSCAN REGION (1999): The Mafia. 150 Years of Facts, Figures and Faces. Stories, documents, essays, films, testimonies, cinema, literature, photographs. CD-ROM

PUGLISI, Anna (1996): Mothers and Sons. In: CITY OF PALERMO & TUSCAN REGION (1999): The Mafia. 150 Years of Facts, Figures and Faces. Stories, documents, essays, films, testimonies, cinema, literature, photographs. CD-ROM

RAITH, Werner (1986): Die ehrenwerte Firma. Der Weg der italienischen Mafia vom „Paten" zur Industrie. Berlin

RENDA, Francesco (1998): Storia della Mafia. Palermo

RESKI, Petra (1994): Rita Atria – eine Frau gegen die Mafia. Hamburg

RESKI, Petra & SHOBHA (1998): Mit der Mafia verheiratet. In: Die Zeit magazin vom 05.11.1998, S. 34-38

RESKI, Petra (2001): Die Patensöhne. In: Die Zeit, Nr. 33, S. 43; 46

RIZZA, Sandra (1994): Ein Mädchen gegen die Mafia. München. Titel der italienischen Originalausgabe: Una ragazza contro la mafia. Rita Atria, morte per solitudine

RÜNZLER, Dieter (1988): Machismo. Die Grenzen der Männlichkeit. Kulturstudien. Bibliothek der Kulturgeschichte, Band 16. Wien

SANTINO, Umberto (1998): Die Mafia und Mafia-ähnliche Organisationen in Italien. In: EDELBACHER, Maximilian (Hrsg.): Organisierte Kriminalität in Europa. Die Bekämpfung der Korruption und der organisierten Kriminaliät. Wien, S. 103-139

SANTINO, Umberto (2000): Storia del movimento antimafia. Rom

SCIASCIA, Leonardo (1984): La Sicilia come metaforo. Mailand

SIEBERT, Renate (1997): Im Schatten der Mafia. Die Frauen, die Mafia und das Gesetz. Hamburg. Titel der italienischen Originalausgabe: Le Donne, la Mafia

STILLE, Alexander (1997): Die Richter. Der Tod, die Mafia und die italienische Republik. München. Titel der amerikanischen Originalausgabe: Excellent Cadavers. The Mafia and the Death of the First Italian Republic

SUTHERLAND, Edwin H (1979): Die Theorie der differentiellen Kontakte. In: SACK, Fritz & KÖNIG, René (Hrsg.): Kriminalsoziologie. Wiesbaden, S. 395-399

SYKES, Gresham M. & MATZA, David (1979): Techniken der Neutralisierung: Eine Theorie der Delinquenz. In: SACK, Fritz & KÖNIG, René (Hrsg.): Kriminalsoziologie. Wiesbaden, S. 360-371

UESSELER, Rolf (1987): Mafia. Mythos, Macht, Moral. Bonn

VIOLANTE, Luciano (1993): La politica. In: OCCHIOGROSSO, Franco (Hrsg.): Ragazzi della mafia. Mailand

VIOLANTE, Luciano (1995): Es ist nicht die Krake. Die Mafia als Sammelbecken von kriminellen und politischen Organisationen. In: PROKLA 98. Zeitschrift für kritische Sozialwissenschaft. 25. Jahrgang, Nr. 5, März 1995, westfälisches Dampfboot

ZOOM (7/1996): Vierzig Grad. Eine Zeitschrift der Arbeitsgemeinschaft für Wehrdienstverweigerung, Gewaltfreiheit und Flüchtlingsbetreuung. WWW-Dokument, entnommen am 03. Juli 2001. URL http://zoom. mediaweb.at/Zoom_796/orlando.html

www.ingramcontent.com/pod-product-compliance
Lightning Source LLC
Chambersburg PA
CBHW020128010526
44115CB00008B/1026